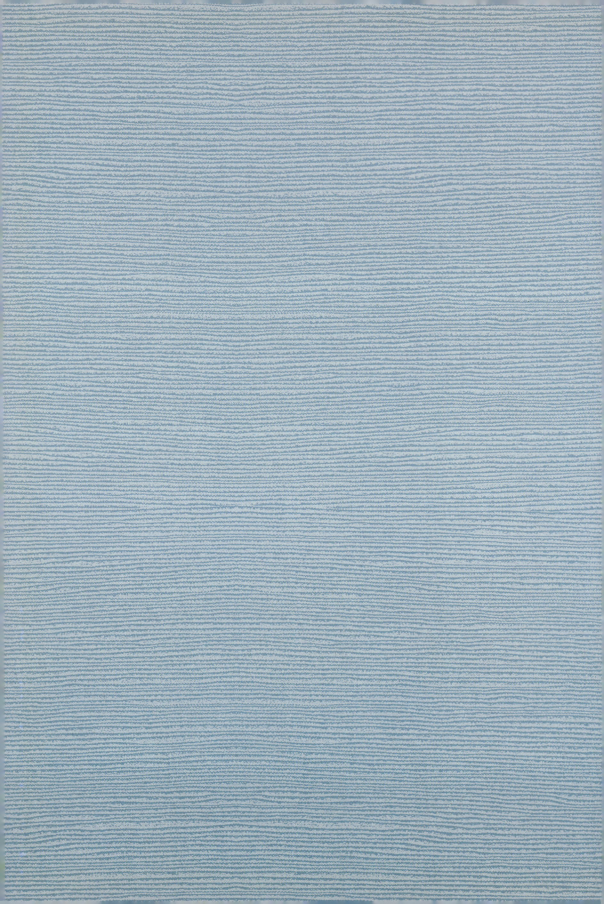

张先强 ◎主编

金银山下

海峡出版发行集团 | 海峡文艺出版社

《金银山下》编委会

主　编　张先强
副主编　余奎元　李盛美　刘忠云　刘　伟
编　委　初学敏　冯学良

序

◎ 何秀菊

山下乡编辑出版《金银山下》一书，请我撰写序言，我愉快地答应了。因为，今生有幸，我曾在山下乡工作过，对于山下乡的青山绿水、父老乡亲，怀有深厚的感情。

我认为，《金银山下》是一本值得一读的好书，脉络清晰，内容丰富，资料翔实，图片精美，全面系统地介绍了山下乡的人文历史、风光名胜、经济社会发展等，为世人提供了一份了解山下、热爱山下的珍贵史料。

阅读此书，我们可以触摸山下乡的历史脉搏。

山下乡地处浦城县西部，东与临江镇接壤，东南与石陂镇相连，西南靠武夷山市，西连枫溪乡，北邻永兴镇。山下乡的驻地——山下村，原来建在虞厝塔，后遭匪劫，幸存者搬迁到廊前，称为廊前街。但因地处风口，又搬迁到龟山下，故名山下。

山下有人类居住可溯自新石器时代，境内青山、凹后两村已发现新石器到西周的文化遗址 4 处。宋至清属仁风里。民国期间设过乡。1949 年后，设有乡、区、公社。1984 年改为山下乡至今。

阅读本书，我们可以接受山下乡红色文化洗礼。

山下乡革命斗争历史悠久。民国十七年（1928）10 月，闽北红色武装在山下天王庙消灭民团部，首次获得 10 支步枪。1947 年 1 月，中共闽北特委改为中共闽北地委，是年 3 月、4 月间，中共闽北地委机关迁至山下铁场的坪洋村后山中，领导闽北地区党和游击队开展解放斗争。

革命烈士李光是山下乡王柏村人，1930 年初加入中国共产党。同年 12 月 11 日，为了纪念广州武装起义 3 周年，中共福州市委发动群众，组织示威游行。作为这次行动组织者和领导者之一的李光同志不幸被捕。英勇就义前，他沿途高呼"打倒国民党""中国共产党万岁"口号，体现了一个共产党员视死如归的大义凛然。

阅读本书，我们可以尽享山下乡的文化大餐。

本书收载了流传于山下乡的若干民间故事以及当代文人赞颂山下风光人文的大量佳作等。如，铁场情人谷、王墩金银丘等民间传说，无不引人入胜；当代著名作家沈世豪的《流金的大地——浦城山下乡扫描》、刘秀清的《青山记忆》、蔡旭麟的《凹后印象》、柳志勇的《源头活水润山乡》、谢荣华的《玉柏情未了》等佳作，无不抒发着山下的火热情怀。

阅读本书，我们可以品味山下乡的名优特产。

山下的鲜笋，色泽金黄，笋芽肥白，宛若"贵妃出俗"，俗语称"黄泥白玉笋"，注册商标为"源头村贵妃白玉笋"。以其为原料的"山下笋干"，素有"八闽山珍"之称，2018年，获得国家知识产权局颁发的地理标志证明商标注册证。

山下有在稻田中放养鲤鱼的传统。农户在插秧前投放鱼苗，鱼儿与水稻共同生长。鱼儿在稻田中嬉戏游动，觅食生长。因稻田海拔高，水质清凉，鲤鱼生长缓慢，鱼肉鲜美，味道独特。

阅读本书，我们可以畅游山下乡的美丽乡村。

山下乡生态好，是名副其实的"天然氧吧"，近年来积极打造全域旅游，取得明显成效。如今，军民建设美丽凹后、情人谷自然景观、生态康养飞龙瀑布、万亩竹海、红色燕子岩、醉美山下桃花仙泉、蝙蝠岩生态长廊等景区都已初具规模，日益生发魅力。

阅读本书，我们可以欣赏山下乡脱贫攻坚进行曲。

2021年2月25日上午，中共中央总书记、国家主席、中央军委主席习近平庄严宣告，经过全党全国各族人民共同努力，在迎来中国共产党成立100周年的重要时刻，我国脱贫攻坚战取得了全面胜利！

紧随全国脱贫攻坚的坚实步伐，山下乡也于2020年10月28日，全乡建档立卡贫困人口179户439人（国定137户317人，省定 42 户 122 人）全部脱贫。

　　作为曾经在山下乡工作过的一员，我为山下乡的光荣历史而骄傲，我为山下乡取得的喜人成就而自豪。认真翻阅书稿，我的心情无比激动，思绪尽情飞扬，仿佛又回到了当年跋山涉水和山下人民共同建设美丽家乡的难忘岁月。在此，我由衷感谢山下乡为我们奉献出厚重的《金银山下》，由衷感谢《金银山下》一书的编者为本书的编辑出版付出的艰辛努力。

　　实干托起梦想，奋斗赢得未来。2021 年是"十四五"规划开局之年，也是中国共产党成立 100 周年，衷心希望山下乡在新的历史时期，高举习近平新时代中国特色社会主义思想伟大旗帜，在县委、县政府的坚强领导下，紧紧依靠团结全乡人民，抢抓机遇，开拓创新，创造出更辉煌的业绩！

　　山下山下，风展红旗如画。

　　衷心祝愿山下乡的明天更美好！

　　是为序！

2021 年 5 月

（作者系浦城县人民政府副县长）

目　录

山下概览

◎ 中共山下乡委员会
◎ 山下乡人民政府

一代伟人毛泽东曾赋词《如梦令·元旦》："宁化清流归化，路隘林深苔滑。今日向何方，直指武夷山下。山下山下，风展红旗如画。"

巧合的是，在武夷山脚下确实有一个乡叫"山下"。该乡位于浦城县西南部，东接临江镇，南连石陂镇，西南与武夷山市接壤，西邻枫溪乡，北通永兴镇，县道 X867 穿越全境，乡政府驻地距县城 38 千米，距浦南高速临江互通口 21 千米，交通便捷。地理位置介于东经 118°21′—118°34′，北纬 27°45′—27°53′，全乡平均海拔 376 米，属中亚热带季风润湿气候，四季分明雨量充沛，有千米以上高峰 4 座，7 支河流汇成山下溪。全乡面积为 109.64 平方千米，耕地面积 1.67 万亩，山地面积 15.25 万亩，是典型的山多田少山区乡。

山下有人类居住可溯自新石器时代，境内青山、凹后两村已发现新石器到西周的文化遗址 4 处。宋至清属仁风里。民国期间设过乡。解放后，设有乡、区、公社。1984 年改今名。1986 年划出 7 个村另设枫溪乡。1988 年山下乡有 9 个村委会，96 个村民小组，2062 户 9517 人。2020 年底，全乡有人口 10704 人、3003 户。

山下乡革命斗争历史悠久。民国十七年（1928）10 月，闽北红色武装在山下天王庙消灭民团部，首次获得 10 支步枪，为闽北工农红军第一

山下乡机关（柳良金／摄）

次获得"洋式"武器。1946 年，中共闽北地委迁驻铁坑坪洋村。

　　山下生态资源丰富。林业用地 13.93 万亩，森林覆盖率达 82.7%，为浦城县重点林区之一。全乡毛竹面积达 4.75 万亩，占全乡山地面积的 37%，占全县毛竹面积的五分之一，素有"林海竹乡"的美称。境内现存珍稀古树，以小溪村"水莲香"树群为最，为国家级生态林，共有 60 多根，平均树龄在 1000 年以上，大部分围径在 1.5—2 米，材质有香味，以此得名。

　　山下当地物产丰美。山下是全县笋干生产量最大的乡镇，全乡年产鲜笋 6000 多吨、笋干 531 多吨，兴盛时几乎家家户户做笋干。笋干品种以闽笋干、黑笋干、咸笋干为主，现注册有"王柏闽笋干""王柏黑笋干""源头村贵妃白玉笋""竹歌翠舞脆笋片"商标。2018 年"山下笋干"获得国家知识产权局颁发的地理标志证明商标注册证，现授权 4 家经济实体使用，产品远近闻名。山下乡盛行稻田养鱼，鱼种以鲤鱼为主，在插秧前投放鱼苗，秋收时捕捞成鱼。因稻田海拔高，水源清凉，鲤鱼生长缓慢，鱼肉鲜美，烤制成鱼干就是本地一道上乘的佳肴。山下乡还积极发展食用菌、山茶油、竹荪等特色产业。

山下矿产资源丰富。已探明的有硫黄、铁、铅锌、铜、银、黄金、钨、锡等10余种，以铅锌矿储量最为丰富，达700万吨，且品位优良，开发前景广阔。辖区内1家规模以上工业企业，福建和顺矿业化工有限公司，年产值达亿元以上，创税达1000余万元。

近几年来，在上级党委、政府的正确领导下，山下乡抢抓政策机遇，奋力拼搏，合力克难，全乡经济社会取得了较快发展。这离不开乡历届领导班子打下的坚实基础，也凝聚着全乡上下的心血和汗水。

一、经济持续稳定发展

深入推进实施乡村振兴战略，推动产业发展，做大经济总量。2020年，全乡完成地区生产总值3.17亿元，增长4.96%；农林牧渔业产值1.376亿元，增长5%；全社会固定资产投资1.76亿元；农民人均纯收入16366元，增长4.1%。

二、项目建设持续突破

山下乡坚持把项目作为经济发展的"主引擎"，大力推进重大项目建设。坚持项目带动投资、投资带动发展的思路。2020年策划且入统项目3个，总投资1.69亿元。同时，策划争取上级资金1500余万元，加强山下乡基础设施建设。先后投资200余万元全面完成山下乡集镇及老街外立面改造和县道867临江至山下公路两旁的绿化美化工作。争取项目资金300余万元，完善小溪新村防道路、水坝、绿化等基础设施，建设小溪新村笋竹产业园。投资550万元建设水利设施项目、高标农田项目和旧村复垦项目，进一步打好农业发展基础。加强集镇污水治理，投资175万元，实施集镇污水处理厂及管网扩建项目。投资230万元，建设洋村一桥（危桥项目）项目和下南溪北山仔桥项目（水毁重建项目）。山下乡前青线、山源线、山王线三条四好农村路建设项目已基本完工，正在检测验收。

三、农业产业稳步推进

一是着重抓好基本粮食种植。2020年，山下乡积极开展"水稻绿色高质高效"项目，推广农业机械插秧技术，加大种植技术指导，确保全乡粮食播种面积和产量均保持稳定，2020年种植水稻8900亩，发展中浙优8号等优质稻2160亩，建立粮食产能区5100亩、水稻高质高效示范片2500亩，推广水稻机插242亩，全乡年产粮食达4200吨。二是持续发展特色种植业。积极引导和鼓励农民发展烤烟、食用菌、竹荪等特色产业，2020年种植食用菌（竹荪）514亩、种植烟叶600余亩，产值达200万元以上。三是笋干产业稳步发展。全年全乡产鲜笋约6000吨，制成笋干531吨，产值约达3200万元。同时，引进笋干加工企业一家，进一步推动山下笋干规模化发展。2020年，山下乡在巩固已有收入的前提下，大胆谋划，积极探索，引导村集体参与发展烤烟、种植浦城大米和油茶等农业产业，村集体收入显著增加。2020年，9个村共完成村财增收300.74万元。其中，小溪、水门村财收入达70万元以上，铁坑村财达52.63万元；其余村财收入均达10万元以上。

四、社会保障全面落实

全面落实低保、特困以及临时救助政策。全乡农村低保对象116户，保障人口205人。累计发放保障金额为40.72万元，城市低保对象2户，保障人口2人，累计发放保障金0.92万元。纳入农村特困人员生活保障人员55人，累计发放保障金63.41万元。申请临时救助共71户，发放救助金额17.76万元。落实高龄老人补贴及孤儿保障政策。截至目前山下乡共有80周岁以上高龄老人278人，按照每人每月50元标准享受高龄老人补贴。孤儿1人，事实无人抚养儿童2人，按每人每月900元标准发放生活保障金。2020年，全乡出生65人，政策内出生60人，政策符合率92.31%。享受国家特扶对象1对，国家奖扶17人，县级奖扶对象40人。独生子女奖励2对。为一户特殊家庭争取到2000元助学金，帮助其圆大学梦。为2户家庭共计申请2000元扶助资金。2020年，全乡新农合参保率达98%，较2019年扩面370人。争取资金约120万元改善教育基础设施及仪器设备。争取社会各界人士支持，慰问贫困学生，设立奖教、奖学基金约5.5万元。2020年我乡考取浦城一中7人（南平一中1人）、浦城二中4人，普通高中合计24人，高中上线率44.44%，超过全县平均水平。

五、全力巩固脱贫攻坚成果

2020 年是脱贫攻坚决战决胜之年，山下乡始终把脱贫攻坚工作作为首要政治任务和第一民生工程来抓，深入贯彻落实各级脱贫攻坚决策部署，截至 10 月，全乡建档立卡贫困人口总数为 179 户 439 人（国定 137 户 317 人，省定 42 户 122 人），全部脱贫，其中稳定脱贫 5 户 19 人。积极落实扶贫政策，完善兜底扶贫，做到应保尽保。共计补报新增建档贫困人口低保对象 7 户、19 人，发放临时救助 2 户 4000 元；发放贫困户子女中高职补助（雨露计划）19 人 5.55 万元；79 名建档立卡贫困人口享受医疗保险报销累计 50.09 万元；为 9 名贫困户设立公益性岗位，其中到圣农工厂务工 3 人。同时，加大资金投入，修建饮水提升工程，完成农村建档立卡贫困人口饮水安全保障目标任务。全力推进产业扶贫，保证贫困户稳定脱贫，发放中央财政专项扶贫发展资金 5 万元，惠及 39 户贫困户；利用省级产业扶贫资金 12 万元，惠及 93 户贫困户，资金主要扶持贫困户发展竹荪、毛竹抚育、笋干制作等方面，实现户均增收约 5000 元。补助各村 2019 年灾毁农田建设项目、防洪堤建设以及产业发展等项目资金共计 165 万元。

六、乡村环境持续优化

持续开展人居环境整治。2020 年，山下乡共新建水冲式公厕 5 个，拆除旱厕 19 个，完成农村户厕改造 376 户，标准化户厕普及率达 98%，清理生活垃圾、死角共 1156 吨，清理建筑垃圾及装修垃圾共 70 余吨，拆除乱搭乱建、破损广告牌 133 处，整治柴火杂物乱堆乱放 927 处，整治占道经营、乱摆摊等 68 处，村容村貌得到较大提升。

全面开展危房排查整治。全乡共计精准摸排 2321 栋房屋，并全部纳入全省房屋安全信息管理系统。其中一般安全隐患 19 户，重大隐患 14 户，采取疏散、加固、拆除等措施，已全部整改到位。积极推进"两违"整治，拆除违建面积 5100 平方米，超额完成年度任务。完成 133 户贫困户农房核验工作。全面落实农房审批、立牌建设制度。

严格实行"河长制"。加强水环境治理，全面实施"河长制"，持续加强农村饮用水水源保护工作。全年，乡级河长开展巡河 144 次，巡查员开展巡河 3240 次，巡河中发现的问题已全部整改到位。

坚持推进乡风文明。开展新时代文明实践工作。完善新时代文明实践所及试点站建设工作，修订完善村规民约，做到规范有序；大力开展文明实践志愿服务活动，累计开展志愿服务活动 74 次、宣讲志愿服务 30 余场次，注册志愿者 1326 人，志愿服务时长超 7000 小时。积极宣传《浦城县市民不文明行为管理规范》，设置社会主义核心价值观、讲文明树新风等公益广告牌 16 处、横幅 16 条、宣传标语 50 处，修缮大型公益广告牌 6 处。小溪村被评为第六届全国文明村。

七、社会大局和谐稳定

着重抓好新冠疫情防控。自新冠疫情发生以来，山下乡根据上级部署，制定应急预备方案，严密部署抓好疫情防控工作。一级响应期间，对 9 个村主要入口和集镇设立防疫劝导站 12 个。乡村干部实行 24 小时值班制，实时掌握辖区疫情动态。组织乡村干部入户全面摸排，建立台账，累计梳理出武汉返乡 18 人，湖北非武汉地区返乡 17 人，温州返乡 84 人，摸排境外及港澳台护照信息 1451 人。对有关地区返乡人员落实一户一档并做好隔离管控各项工作。接收发热就诊、购药人员 29 人，未发现有疑似或确诊病例。同时利用电子屏、宣传车广播等多种方式，加大对防控知识的宣传力度。积极倡导文明新风，停办圩场、庙会等公众活动，在疫情期间不操办婚丧嫁娶、不聚餐，不串门、不走动，避免人群聚集，降低疫情传播风险。累计劝阻取消酒席、酒宴 69 场 820 桌。一级响应结束后，科学指导企业复工复产。对辖区内复工复产的企业严格把关，严格落实疫情期间复工复产各项防控举措。加强对企业管理人员疫情防控培训，切实做到企业防控机制到位、员工排查到位、教育培训到位、物资储备到位、内部管理到位。

贯彻落实平安建设工作。持续推进"雪亮工程"建设。2020 年，在原有 26 个视频监控探头基础上，新增 8 个探头。加强矛盾纠纷调处力度，截至 10 月，共排查矛盾纠纷 33 件，调处成功 33 件。持续推进扫黑除恶专项斗争及反邪教工作。继续在全乡范围内开展扫黑除恶专项斗争宣传及线索收集，同时把扫黑除恶专项斗争相关工作制度常态化，全年未收到扫黑除恶专项斗争相关线索及邪教分子活动情况。在全县群众安全感问卷调查中，按照人口数投票比值，获得全县 B 组排名第二名。

坚持安全生产安全发展。全乡先后开展安全生产集中整治、安全生产专项整治、安全生产隐患集中大排查大整治、冬春火灾防控等重大任务和节假日专项检查，先后组织 90 余人次对辖区 21 家生产经营单位进行摸排检查，先后发现隐患问题 40 余处、限期整改 8 家、停业整改 2 家。统筹经费 38 万元，完成乡应急救援站、山下乡地震避灾点、王柏村避灾点、各自然村避灾点的建设。开展"安全生产月"宣传活动，进企业、机关及学校等累计宣传 113 人次，发放宣传资料 300 余份，开展应急演练 1 次、挂横幅 12 条。逢圩日、节假日、大型活动都能够开展交通劝导，全年来共完成交通劝导 5630 余条，发现和劝导问题 230 余次。

八、乡村旅游发展有所突破

山下乡生态好，是名副其实的"天然氧吧"。近几年来，山下坚持生态立乡、产业兴乡，规划整合铁场村龙潭峡谷（情人谷）、源头村飞龙瀑布群、小溪村"万亩竹海"等旅游资源，结合美丽乡村建设积极发展乡村旅游，建设一些乡村景观。全乡 9 个村中，小溪村被评为国家级生态村、市四星级美丽乡村、县美丽乡村十佳村，凹后村 2018 年入选福建省住建厅美丽乡村"千村整治省级补助村"，源头村、铁场村被评为市级美丽乡村，铁场村被评为省级乡村旅游特色村。近年来，铁场村龙潭峡谷景区、源头村飞龙瀑布景区等吸引游客达 2 万人次，在县内有一定的知名度。

第一章

生态宝地 笋竹之乡

第一节 乡 域

山下乡政府大门（柳志勇／摄）

山下乡位于浦城县西南，北纬27°45′—27°53′，东经118°21′—118°34′，东西宽11.8千米，南北长11.2千米。疆域面积110.08平方千米。乡驻地距南浦街道38千米。耕地面积1.6万亩，山地面积15.25万亩。辖山下、小溪、王柏、源头、水门、铁场、凹后、青山、铁坑9个村民委员会，有45个自然村、94个村民小组。有3003户、10704人。

东与临江镇接壤，东南与石陂镇相连，西南靠武夷山市，西连枫溪乡，北邻永兴镇。

与武夷山市的界山：桃花井，山下王柏南端界武夷山市。无名山，山下王柏西南界武夷山市（观竹前对面）。

与永兴镇的界山：芭蕉花，山下水门界永兴镇。高狮庵，山下铁场西北界永兴镇。屏峰岗，凹后西北界永兴镇。南风坑，青山北界永兴镇。峰顶凹，青山西北界永兴镇。竹子岭，铁场西北界永兴镇。八枝花，山下界永兴后洋西南。官岭凹，山下界永兴镇后洋西南。塔角，山下界永兴镇厝洋西南。下竹元，山下界永兴镇龙下南。南斗坑，山下界永兴镇龙下东南。

与石陂镇界山：羊厨岗，山下源头东南界石陂镇。洋林岗，山下铁坑东北界石陂镇。金山墙，山下铁场东北界石陂镇、临江镇。金山堂，山下界石陂镇布墩西北。九龙庵后山，山下界石陂镇龙根西北。

与临江镇界山：大腹岗，山下凹后东北界临江镇。铜钉岗青山东西界永兴、临江镇。五马捆槽，山下界临江镇源尾。

与枫溪乡界山：燕子岩，山下小溪界枫溪乡胡推。锣鼓岗，山下水门界枫溪乡黄坛。五基凹，山下小溪、水门界枫溪乡。竹箭凹，山下小溪界枫溪乡池家、胡推。清明岗，山下水门界枫溪乡。闸坑，山下水门界枫溪乡。

界村：前洋村界临江镇洪桥；青山村界永兴镇将军山。吕山界石陂镇龙根村；狮子洋界武夷山市杨梅岭。茶林下界武夷山市元墩；黄柏凹头界武夷山黄柏凹。洋村界永兴镇龙下村，小溪村与枫溪乡胡堆村、枫溪村为界；水门村与枫溪乡枫溪村、黄坛村为界。

2002 年 12 月 28 日，山下乡分别与临江镇、永兴镇、石陂镇、枫溪乡签订联合勘定行政区域界线协议书。

山下乡与临江镇行政区域界线从永兴镇、山下乡、临江镇边界交会点起，至临江镇、山下乡、石陂镇边界线交会点，总长 9.6 千米。

山下乡与永兴镇行政区域界线从永兴镇、枫溪乡、山下乡边界交会点起，至永兴镇、山下乡、临江镇边界交会点，总长 19.61 千米。

山下乡与石陂镇行政区域界线从山下乡、石陂镇、临江镇边界交会点起，至山下乡、石陂镇与武夷山市接边点，总长 13.8 千米。

山下乡与枫溪乡行政区域界线从永兴镇、枫溪乡、山下乡边界交会点起，至枫溪乡、山下乡与武夷山市接边点，总长 11.32 千米。

第二节　行政区划

一、新石器—西周时代聚落遗址

山下乡早在新石器时代即有人居住，现在凹后村前洋狗马形发现遗址1处。商代聚落遗址有2处：青山村管厝后门山、溪洲后门山。西周聚落遗址有1处：青山村横排山。

二、宋至清行政区划

宋代区域划分乡、里、图。至清，乡域属忠信下乡仁风里三图、四图。

古今地名对照表（包括废村）

村委会名称	自然村名称	曾用名	所属里图
山下	山　下		仁风里三图
	水　尾		仁风里三图
	王　口	外黄口	仁风里三图
	里王口		仁风里三图
	王　墩	黄　墩	仁风里三图
	富　厝		仁风里三图
	新　栋		仁风里三图
	垄　排		仁风里三图
小溪	小　溪	筱　溪	仁风里三图
	龙井头		仁风里三图
	水源寺	水元寺	仁风里四图
	毛　厝		仁风里四图
	沈　厝		仁风里三图
	横　栏		仁风里三图
	碓子坑		仁风里三图
	山头子		仁风里三图
	岩　垄		仁风里三图
		钟　岭	仁风里三图

村委会名称	自然村名称	曾用名	所属里图
王柏		炉 里	仁风里三图
	王 柏	黄 柏	仁风里四图
	下南溪		仁风里四图
	上南溪		仁风里四图
	下窑仔	高 塘	仁风里四图
	北 斗		仁风里四图
	陈 家		仁风里四图
	周 渊	周 渊	仁风里四图
		竹丛子	仁风里四图
		黄瓜楼	仁风里四图
		山 尖	仁风里四图
		寺 后	仁风里四图
	长岭下		仁风里四图
	观竹前		仁风里四图
	狮子洋		仁风里四图
	桥 头		仁风里四图
	苦竹头		仁风里四图
	廊 前		仁风里四图
	东 边		仁风里四图
源头	源 头		仁风里四图
	里 炉		仁风里四图
	郭 下		仁风里四图
	平 坑		仁风里四图
	竹 后	西坑庵	仁风里四图
水门	水 门		仁风里四图
	雷公桥		仁风里四图
	石 壁		仁风里四图
	官岭下		仁风里四图
	上 横		仁风里四图
	田 头		仁风里四图
	马 山		仁风里四图
	官岭头		仁风里四图
	早 圹		仁风里四图
	羊尾山		仁风里四图
	葡萄源		仁风里四图
	岭 下		仁风里四图

村委会名称	自然村名称	曾用名	所属里图
铁场	铁场		仁风里四图
	木槲树下		仁风里四图
	鸡爪山		仁风里四图
	塘后		仁风里四图
	小铁坑		仁风里四图
	下丁元		仁风里四图
	上丁元		仁风里四图
凹后	凹后		仁风里四图
	前洋		仁风里四图
	洋村		仁风里四图
	岩头塔		仁风里四图
	萝卜坑		仁风里四图
	张寿寺		仁风里四图
	铜坑	大竹溶	仁风里四图
青山	青山	西山下	仁风里三图
	洪源		仁风里三图
	管厝		仁风里三图
	溪州		仁风里三图
	三角坪		仁风里三图
	坪地庵		仁风里三图
	樟塘坞		仁风里三图
	杨梅垄		仁风里三图
		赤岭街	仁风里三图
		上芦坞	仁风里三图
		仙场	仁风里三图
		大山	仁风里三图
铁坑	铁坑	大铁坑	仁风里四图
		郭厝	仁风里四图
		陈厝	仁风里四图
	吕山岩		仁风里四图
	岭子头		仁风里四图
	大黄山	黄山	仁风里四图
	寺元	寺源	仁风里四图
	岭下垄		仁风里四图
	坪洋		仁风里四图
	山塘		仁风里四图

三、民国期间行政区划

1915年，撤销里图，成立区、乡，成立山下乡。1935年，撤销乡镇，成立联保，在今山下乡境内成立山下联保。1940年，撤销联保，为乡镇。1942年，山下乡属西乡区，有11个保，1158户，人口5054人，其中男2827人，女2227人。其中青山保有95户，男199人，女187人；溪洲保108户，男228人，女186人；洋村保98户，男246人，女192人；铁坑保118户，男295人，女237人；铁场保180户，男236人，女171人；王口保113户，男278人，女226人；山下保108户，男247人，女192人；黄柏保124户，男303人，女243人；官岭保99户，男231人，女192人；岭下保76户，男212人，女147人；少溪保119户，男352人，女245人。1947年，山下乡有六社、铁场、铁坑、王口、黄柏、山下、水岭、筱溪8个保、82甲。

四、解放后行政区划

1949年8月开始民主建政，废除保甲制度，至1950年10月，全面建立区、乡、村政权，全县10个区，第五区设在山下，辖前墩、银场、前洋、铁场、山下、枫溪、岱后、花家、龙霞、王口10个乡。区驻地设在青山溪洲铺，其后，前墩、银场2个乡划入第3区（临江），增设水门、池家2个乡。1954年，增设杜畲乡。1955年，水门乡并入山下乡。1956年2月，全县设6个区、2个镇、2个直属乡，境内属临江区。王口乡并入山下乡，铁场乡并入前洋乡。龙霞乡并入后洋乡，划入永兴区。境内分属山下、前洋两个乡。1958年8月，前洋并入山下乡。

1958年9月，成立人民公社，现山下乡属东方红人民公社，12月，改称临江人民公社，境内有山下、黄柏、水门、铁场、前洋5个生产大队。1961年5月，贯彻《农村人民公社工作条例（草案）》，落实生产大队和生产队规模，增设青山、铁坑、源头、小溪、官岭5个生产大队。1961年7月1日，从临江人民公社划出，成立山下人民公社，有10个生产大队87个生产队。

1961 年 7 月山下人民公社行政区划表

大队名称	生产队（个）	生产队名称
山 下	8	山下 1、2 队，外王口 1、2、3 队，里王口队、王墩队、富厝队。
小 溪	9	小溪 1、2、3 队，水元 1、2 队，龙井头队、沈厝队、山头仔队。
黄 柏	12	王柏 1、2 队，桥头队、上南溪队、下南溪队、高塘队、观竹队、狮子 1、2 队；陈家队、北计队、高中基队。
源 头	11	里炉 1、2 队，源头 1、2、3、4 队，郭下 1、2、3 队。
水 门	7	水门 1、2 队，葡萄源 1 队，岭下 1、2 队，雷公桥 1、2 队。
官 岭	6	官岭下 1、2 队，官岭头 1、2 队，马山队、溪头店队。
铁 场	5	里场 1、2 队，外场 1、2 队，丁元队。
铁 坑	11	铁坑 1、2、3、4 队，坪洋 1、2 队，大王山队、岑仔头队、吕山岩 1、2 队，寺元队。
前 洋	8	前洋 1、2 队，凹后 1、2 队，洋村 1、2、3、4、5 队。
青 山	10	青山 1、2、3、4 队，溪州 1、2 队，管厝队、洪元队、樟塘坞队、三角坪队。

　　1964 年 4 月 18 日，枫溪人民公社并入山下人民公社，辖 18 个大队，163 个小队。同年冬官岭大队并入水门大队。

　　1970 年，王柏（原黄柏）大队分设桥头良种场，直属公社领导，同年 11 月，黄潭、花家 2 个大队合并，称花家大队，驻黄潭。

　　1981 年，花家大队更名黄潭大队，前洋大队更名凹后大队。

　　1982 年，桥头良种场并入王柏大队。

　　1984 年 9 月，改变"政社合一"体制，公社改为乡，生产大队改为村民委员会，生产队改为村民小组。同年，复置桥头良种场。山下人民公社改为山下乡，包括今山下乡和枫溪乡。今山下乡范围有9个村民委员会，92个村民小组。

1984年9月山下乡行政区划表（现属枫溪乡的不列）

村委会名称	村民小组数（个）	小组名称
山　下	7	山下1、2组，外王口1、2组，里王口组、王墩组，富厝组。
王　柏	11	王柏1、2组，上南溪组，下南溪组，陈家组，北斗组，新基组，高塘组，富竹组，狮子洋1、2组。
源　头	9	里炉组，元兴1、2、3组，竹后组、平坑组、郭下1、2、3组。
小　溪	9	小溪1、2、3组，水元寺1、2组，龙井头组，沈厝组，山头仔组。
水　门	12	水门1、2组，葡萄源1、2组，雷公桥1、2组，岭下组，上横组，官岭下1、2组，官岭头1、2组。
铁　场	6	里场1、2组，外场1、2组，丁元1、2组。
铁　坑	11	铁坑1、2、3、4组，大王山组，岭仔头组，坪洋1、2组，吕山岩1、2组，寺元组。
凹　后	13	前洋1、2、3、4组，凹后1、2、3、4组，洋村1、2、3、4、5组。
青　山	14	青山1、2、3、4组，溪州1、2、3、4组，管厝1、2组，洪元1、2组，将塘坞组，三角坪组。

1985 年山下乡各村基本概况（现属枫溪乡的不列）

村委会名称	自然村数（个）	面积（平方千米）	耕地（亩）	总户数（户）	总人口（人）	总劳力（个）	农机总马力（千瓦）	经济总收入（元）	村委会驻地
山下	7	7.63	1685	205	1010	481	168	398456	山下
良种场		1.16	268	30	166	60	12	70826	桥头
王柏	13	9.4	1555	199	1016	285	60	392101	王柏
小溪	10	13.52	1316	140	799	288	60	259180	小溪
水门	11	15.15	2255	218	1106	404	36	41085	雷公桥
青山	7	9.17	2435	208	1060	502	84	462866	青山
凹后	8	11.7	1761	202	1022	419	167	379062	凹后
铁场	10	15.83	2305	180	976	407	84	335850	铁场
铁坑	10	14.53	2580	193	965	338	172	413127	铁坑
源头	5	13.68	1463	168	826	284	156	308375	源头

　　1989 年，全乡有 9 个村民委员会、96 个村民小组，77 个自然村。2005 年，全乡有 9 个村民委员会、96 个村民小组。1989—2005 年间，政府对山高地僻、人口稀少或有地质灾害隐患、容易发生洪水灾害的自然村撤村并村，或建新村，自然村从 77 个减少到 59 个。

2005 年山下乡行政区划情况表

村委会名称	自然村名称	村民小组（个）
山　下	山下　水尾　外王口　里王口　黄墩　富处	10
小　溪	小溪　龙井头　水源寺　毛厝　沈厝　山头子　廊前　花桥　岩弄	9
王　柏	王柏　上南溪　下南溪　高塘　北斗　陈家　新基　狮子洋　桥头　观竹前	11
源　头	源头　里炉　竹后　坪坑　郭下	9
水　门	水门　葡萄源　雷公桥　岭下　官岭下　上横　官岭头　石壁　后溪仔　马山	12
铁　场	外场　里场　小铁坑　丁元	9
凹　后	凹后　洋村　前洋	13
青　山	青山　溪洲　管处　樟塘坞　洪源　三角坪	14
铁　坑	铁坑　寺元　坪洋　吕山岩　岭子头　大王山	9

2020 年，全乡有 9 个村民委员会、98 个村民小组，51 个自然村。

2020 年山下乡行政区划情况表

村委会名称	自然村名称	村民小组（个）
山 下	山下 水尾 外王口 里王口 黄墩 富厝	8
小 溪	小溪 小溪新村 小源寺	9
王 柏	王柏 上南溪 下南溪 高塘 北斗 陈家 新基 狮子洋 桥头 观竹 里炉坑 富竹	14
源 头	源头 里炉 竹后 坪坑 郭下	9
水 门	水门 葡萄源 雷公桥 岭下 官岭下 上横 官岭头	12
铁 场	外场 里场 小铁坑 丁元	9
凹 后	凹后 洋村 前洋	13
青 山	青山 溪洲 管处 樟塘坞 洪源	14
铁 坑	铁坑 寺元 坪洋 吕山岩 岭子头 大王山	10

第三节　地貌　山岭

　　山下乡是中国东南沿海低山丘陵和中山的组成部分。境内武夷山余脉大王山从西燕子岩向北经箭竹凹、五基凹至锣鼓岩达官岭凹方向延伸过境，犹似蜈蚣，横立南北，形成阻断东西的天然屏障。于是，东西两侧走向的众支山脉和千米以上的山峰聚汇于此，三凹（箭竹凹、五基凹、官岭凹）成为东、西过境小关隘，构成全境东部的南、西、北和西半部东、北、南三面山脉环峙，地势向东、西部倾斜降低的地貌特征，依次分布着中山、低山、丘陵、山间盆地地貌类型。境内山地为南浦溪源头之一，东部山地为山下河水源，流经临江，注入南浦溪。

　　山下乡有千米以上的山峰 10 座，454—975 米的山峰 40 座。

山下乡千米以上山峰分布表

山峰名	海拔（米）	所　在　地
芭蕉花	1045	山下水门西北界永兴
桃花井	1064.7	山下王柏南端界武夷山市
无名山	1033	山下王柏西南界武夷山市（观竹前对面）
羊厨岗	1047.8	山下源头东南界石陂
燕子岩	1447.3	山下小溪与枫溪胡推界山
锣鼓岗	1117	山下水门与枫溪黄坛界山
五基凹	1074	山下小溪、水门与枫溪界山
箭竹凹	1372	山下小溪与枫溪池家、胡推界山
清明岗	1029	山下水门与枫溪界山
闸坑	1117.1	山下水门与枫溪界山

山下乡 454—975 米山峰分布表

山峰名	海拔（米）	所 在 地
锅灶尖	975	山下小溪南（两溪中间）
马上槽	875	小溪北界水门
合毛岗	687	王柏东南界源头
香磊岗	945	王柏西南（长岭下村西）
乌岭峡	573.9	王柏东北界铁坑、山下
铜钉岗	579	王柏西北界小溪
鸡公嘴	911	源头东（近铁坑界）
矮岭岗	743	源头东北界铁坑
洋林岗	738.6	铁坑东北界石陂
金山档	803.8	铁坑东北界铁场、石陂、临江
山塘岗	491	铁坑东北界铁场（下有小塘）
鸡公岩岗	459	铁场东南
画眉庵顶	604	铁场东北（公路旁）
鸡公庵尖	706.6	铁场西北（近水门界）
高狮庵	831	铁场西北界永兴
岩壁头	855	铁场西北界水门
大腹岗	540	凹后东北界临江
仙塘岗	729	凹后西北界铁场
屏峰岗	827.3	凹后西北界永兴
铜钉岗	454	青山东北界永兴、临江
大 山	492	青山东北
牛公岗	647	青山西南界凹后
南风坑	618	青山北界永兴
平地庵	580	青山西北

· 续 表 ·

山峰名	海拔（米）	所 在 地
峰顶凹	693	青山西北界永兴
深岩子	459	山下东北
野猪源	531.3	山下东北
黄龙岗	502	水门东南
黄柏叉	732.2	山下水门西北
竹子岭	639	铁场西北界永兴
洋 岭	567.6	山下东南近铁坑界
猪子岩	895	铁坑南
龙塘岩	515	铁场西北
金山堂	839	石陂布墩西北，界山下
九龙庵后山	592.1	石陂龙根西北近山下界
八枝花	916	永兴后洋西南界山下
官岭凹	829	永兴后洋西南界山下
塔 角	915	永兴后洋西南近山下界
下竹元	684	永兴龙下南界山下
王马捆槽	568.5	临江源尾西南界山下

主要山峰简介

燕子岩　位于浦城县西南部，距县城31.5千米，为山下乡小溪村与枫溪乡胡推村界山。西距枫溪乡胡推3千米，东距山下乡小溪村6千米。居高临下，晴朗天遥望千里，阴天雨天云雾飘忽不定。岩的西南岩石外露，呈灰色。顶高20米，宽30米，岩壁陡峭。壁中间有一直径约2米的多角圆形，望去似奶头形。相传古时岩石上每年有一种似燕子的鸟在此筑巢，故名。山体面积约6平方千米，海拔1447.3米。燕子岩背山顶有一倾斜塘地，

山下村后山岭（刘德祥／摄）

约 400 平方米。植被以松、杂木为主，土壤为粗骨性红壤，有野猪、麂、野兔等野生动物栖息于此。1928 年 12 月 15 日，中共崇安县委在此召开县委会议。

锣鼓岗　位于城县西南部，距县城 36.8 千米，山下乡北部，山下乡政府驻地北 8 千米处，山下乡水门村与枫溪黄坛界山。岗上平地 960 平方米，海拔 1117 米。呈长方形，平地上为茅草植被，山下周围是茂密的混交林。岗顶有两块岩石，一似锣形，一似鼓声，色均呈黑灰。鼓形敲击时发出鼓声，锣形敲击发出锣声，故名。相传古时黄坛山头陈法明，到闾山学巫法回来，巫术神通无比，名震闽北，后与"魔王"法战被暗害，锣鼓坦埋于锣鼓岗，化出两块大岩石，形象锣鼓。相传初一、十五日会自动发出锣鼓喧天的声音。山体面积约 1.5 平方千米。东至官岑头，西至枫溪黄坛，南至官岭头，北至水坑。岩石种类为花岗岩等，土壤以黄壤为主。植被以松木、杂木为主。有山兔、野鸡等野生动物栖息于此。马山有小路通于此。

桃花井　位于浦城县西南部，距县城 40 千米，山下乡西南部，山下乡政府驻地西南 9 千米处，在山下乡王柏村村委会境内。据传，山岗上有口井，平时找不到，每年桃花开的时候才能看到，故名。山体面积约 1.3

平方千米，海拔 1064.7 米。东至新基村，西至武夷山市边界，南至武夷山市边界，北至武夷山市边界。岩石为花岗岩等，土壤以粗骨性红壤为主。植被以松、杂木为主。有山兔、野猪等野生动物栖息于此。新基村有路通于此。

香磊岗　位于浦城县西南部，距县城 40 千米，山下乡西南部，山下乡政府驻地西南 9 千米处，在山下乡王柏村村委会西南（长岭下村西）。山顶碧岩堆磊似香，故名。山体面积约 3 平方千米，海拔 945 米。东至南溪村，西至富竹头，南至狮子洋，北至水源寺。岩石为花岗岩等，土壤以粗骨性红壤为主。植被以松木、杂木为主。有山兔、野猪等野生动物栖息于此。狮子洋村有路通于此。

鸡公嘴　位于浦城县西南部，距县城 41.5 千米，山下乡南部，山下乡政府驻地南 5 千米处，在山下乡源头村村委会东，近铁坑界。山尖的形状似公鸡的嘴，故名。山体面积约 2.5 平方千米，海拔 911 米。东至 810 山峰，西至源头村，南至 907 山峰，北至坪坑村。岩石种类为花岗岩等，土壤以暗红壤为主。植被以松木、杂木为主。有山兔、山鸡等野生动物栖息于此。坪坑村有路通于此。

猪子岩　位于浦城县西南部，距县城 37 千米，山下乡东南部，山下乡政府驻地东南 10 千米处，在山下乡铁坑村村委会南。山形似猪，故名。山体面积约 1.5 平方千米，海拔 895 米。东至岭子头，西至吕山岩水库，南至 580 山峰，北至岩山厂。岩石为花岗岩等，土壤以红壤为主。植被以松木、杂木为主。有山兔、野猪等野生动物栖息于此。岩山厂村有山路通此。

屏峰岗　位于浦城县西南部，距县城 31 千米，山下乡东北部，山下乡政府驻地东北 10 千米处，在山下乡凹后村村委会西，北界永兴。山形似屏风，故名。山体面积约 2 平方千米，海拔 827.3 米。东至山间小道，西至乡村公路，南至乡村公路，北至永兴镇龙下村。岩石为花岗岩等，土壤以红壤为主。植被以松木、杂木为主。有山兔、山麂等野生动物栖息于此。龙下村有小路通此。

金山挡　位于浦城县西南部，距县城 34 千米，山下乡东南部，山下乡政府驻地东南 10 千米，在山下乡铁坑村村委会东北，界铁坑、石陂、临江。传说此山有黄金，故名。东至 502 山峰，西至 747 山峰，南至黄山子，北至 690 山峰。山体面积约 2.2 平方千米，海拔 803 米。岩石为花岗岩等，土壤以红壤为主。植被以松木、杂木为主。有山兔、野猪等野生动物栖息于此。寺元村有山路通于此。

黄柏叉 位于浦城县西南部，距县城 36.8 千米，山下政府驻地北 6 千米处，在山下乡水门村村委会西北。古名黄柏叉。山体面积约 5.2 平方千米，海拔 732.2 米。东至水门村，西至县乡公路，南至富下，北至官岭下村。岩石种类为花岗岩等，土壤以红壤为主。植被以松木、杂木为主。有野猪、野鸡等野生动物栖息于此。水门村有路通于此。

仙塘岗 位于浦城县西南部，距县城 34.2 千米，山下乡东北部，山下乡政府驻地东北 13 千米处。在凹后村委会西北，界铁场。山岗有口塘，长年有水，传说仙人在此洗澡，故名。山体面积约 1.6 平方千米，海拔 729 米。东至 474 山峰，西至丁元村，南至 499 山峰，北至屏峰岗。岩石种类为花岗岩等，土壤以暗红壤为主。植被以松木、杉木为主。有野兔、山麂等野生动物栖息于此。丁元村有小路通于此。

鸡公庵尖 山岗的形状似公鸡，昔山上有一座庵，故名。位于浦城县西南部，距县城 34.2 千米，山下乡东北部，山下乡政府驻地东北 13 千米，在山下乡铁场村村委会西北，近水门界。山体面积约 1.8 平方千米，海拔 706.6 米。东至下丁元，

深山瀑布群（刘德祥／摄）

西至山间小道，南至 446 山峰，北至上丁元村。岩石种类为花岗岩等，土壤以暗红壤为主。植被以松木、杉木为主。有野兔、山麂等野生动物栖息于此。丁元村有小路通于此。

洋　岭　位于浦城县西南部，距县城 38.9 千米，山下乡东南部，山下乡政府驻地东南 4 千米，在山下乡山下村村委会东南，近铁坑界。岭长，地势平缓，站在山顶就是毛竹的海洋，故名。山体面积约 2.8 平方千米，海拔 567.6 米。东至老卷桥，西至里王口，南至 675 山峰，北至 529 山峰。岩石种类为花岗岩等，土壤以红壤为主。植被以毛竹为主。有野猪、山兔等野生动物栖息于此。富处村有路通于此。

野猪源　位于浦城西南部，距县城 38.9 千米，山下乡北部，山下乡政府驻地北 3 千米，在山下乡山下村村委会东北。昔日该山野猪成群，故名。山体面积约 1 平方千米，海拔 531.3 米。东至王口桥，西至山间小道，南至水尾村，北至乡村公路。岩石种类为花岗岩等，土壤以红壤为主。植被以毛竹为主。有野猪、山兔等野生动物栖息于此。富处村有路通于此。

鸡公岩岗　位于浦城县西南部，距县城 34.2 千米。山岗上一岩石似公鸡，故名。山下乡政府驻地东北 13 千米，在山下乡铁场村村委会东北。山体面积约 1.2 平方千米，海拔 459 米。东至小铁坑，西至小溪，南至乡林小道，北至小溪。岩石种类为花岗岩等，土壤以暗红壤为主。植被以毛竹、杉木为主。有野兔、山麂等野生动物栖息于此。丁元村有小路通于此。

大　山　位于浦城县西南部，距县城 29.2 千米，山下乡东北部，山下乡政府驻地东北 15 千米，在山下乡青山村村委会东北。以山大命名。山体面积约 1 平方千米，海拔 492 米。东至乡间小路，西至青山村，南至山下溪，北至铜钉岗。岩石为花岗岩等，土壤以红壤为主。植被以松木、杂木为主。有山兔、山麂等野生动物栖息于此。青山村有小路通于此。

山塘岗　位于浦城县西南部，距县城 37 千米，山下乡东南部，山下乡政府驻地东南 10 千米，在山下乡铁坑村村委会东北，界铁场。山下有小塘，在山塘上为高岗，称为山塘岗。山体面积约 1 平方千米，海拔 491 米。东至 506 山峰，西至乡村公路，南至坪洋村，北至小铁坑。岩石为花岗岩等，土壤以红壤为主。植被以松木、杂木为主。有山兔、野猪等野生动物栖息于此。寺元村有小路通于此。

铁拐洞　在铁场村里场西山坡木榉树背后，距里场 250 米。洞前一平地。洞口高 1.2 米，宽 1.6 米，洞深约 70 米，洞内拐弯向下，大于洞口，幽深黯然，最高处人身可站直。是蛇和蝙蝠的常年栖身之处。洞壁由坚固的泥土和沙石自然构成。洞口长有一青松，周围山坡为灌木，芒萁骨、茅草植被。此洞传说是铁拐李经过此地，用拐杖所截而成，故名叫铁拐洞（其实是古时冶炼采矿而成）。

俯瞰源头新村（柳良金／摄）

第四节　山间盆地

乡境盘旋着数条小溪流，汇为山下溪，串联着王柏、山下、水门、源头、铁坑、铁场、凹后、前洋、青山等8个小河谷盆地，其面积1800至2200亩之间。这些山脚下的小河谷，山上产林，山下产粮，是山下乡粮田的主要基地。

清晨俯瞰凹后（柳良金／摄）

凹后畈　在山下乡，盆底海拔250米，面积600亩。

青山畈　在山下乡，大部分在青山村委会。面积1000多亩。山下河纵贯中部，向东倾斜，海拔在277—290米。

青山村河谷盆地（柳良金／摄）

第五节　矿　藏

　　硫铁矿　分布在屏峰、洋村，探明储量 1237 万吨，为全省之最。

　　铅锌矿　分布在源头至铁场交界处的铁场石山、屏峰、洋村、下丁源，总面积 9 平方千米。

　　锰　矿　分布在里场。

　　钨锡矿　分布在源头、杨梅岭、观竹前、大王山和王柏村和武夷山市培石坑，总面积 16 平方千米，为国家二级远景矿藏区。

　　铀　矿　分布在水门钟山。

　　屏峰为中型多金属矿区，除硫铁外，还伴生铅、锌、金。

屏峰硫铁矿

第六节　河　流

　　山下河　为乡境内最长的主要河流，有三源。源一五基凹东麓，流经沈厝、碓子坑、王墩；源二燕子岩东麓，流经小溪、东元寺水口；源三炉里，流经龙井头、水源寺。三源汇合后流经山下、铁场、凹后、青山，出临江汇入南浦溪，沿境长30.8千米，流域总面积111.75平方千米。平均河宽18米，比降10.81%，多年平均流量1.57亿立方米。降雨量1874毫米。四季清澈，水质冷。

　　王柏河　源于风尖顶、观竹前，流经南溪王柏村、桥头，流至山下水尾汇入山下河，长10千米，平均河宽10米。

王柏河（刘德祥／摄）

源头河　源于里炉，流经源头、竹后、郭下至王口汇入山下河，长 4 千米，平均河宽 10 米。

水门河　源于三丘田，流经三宝溪、官岭下、雷公桥、水门、葡萄元，汇于山下河。长 1 千米，平均河宽 10 米。

铁坑河　源于吕山岩，流经铁坑、里场流至铁场汇入山下河，长 7 千米。平均河宽 6 米。

源头河（刘德祥／摄）

水门河（刘德祥／摄）

第二章
夯筑基础 惠民发展

第一节　农田建设与土地流转

20 世纪 70 年代，为了实现农业机械化，大力发动社员平整耕地（大小坵田合并，平整成方块规格田）。1975 年冬，全乡从各村统一抽调劳力，分别在青山、前洋、凹后畈"大会战"，把 1000 余块小坵平为 300 余块大坵，共 1700 余亩。1976 年冬，又在铁坑村的庵门下畈平整 65 亩，山下村在黄口坂平整耕地 200 亩。1975 年至 1976 年，在平整土地的同时，修建了机耕道 19 条，总长 10840 米。其中青山村 6 条，计长 3790 米；凹后村 6 条，计长 2550 米；山下村 3 条，计长 1400 米；水门 1 条，长 1000 米；铁坑村 1 条，长 1000 米；王柏村 1 条，长 300 米；铁场村 1 条，长 800 米。

2012 年，完成青山村、凹后村 1590 亩土地平整项目和铁场、洋村 1300 亩土地平整项目。

凹后村（刘德祥／摄）

铁场村全景

　　2015年，开展农村土地集中流转工作。随着农村经济的发展，外出务工人员增多，农村劳动人口下降，为土地流转提供了有利条件。土地流转从以往的农户之间的流转转变为在农户与专业合作社之间流转。以浦城县禾晨水稻种植专业合作社、浦城县弘瑞蔬菜专业合作社为重点，抓好农村土地流转工作，建立山下乡土地流转服务中心，由专人负责全乡土地流转工作，并明确村级土地流转信息服务员。全乡共流转土地2400余亩，与福建省禾晨农林开发有限公司签订土地流转协议，流转土地1700余亩，用于休闲山庄和观光生态园区、绿色食品加工厂、大棚蔬菜基地、芋头基地、竹柳基地、绿色水稻基地等项目建设。与浦城县弘瑞蔬菜专业合作社签订流转协议，流转土地710余亩，用于种植槟榔芋。是年，完成源头村900多亩土地整理项目，实施山下村、水门村1600亩土地整理项目。

　　2016年7月开始，推进山下乡农村土地承包经营权确权登记颁证工作，将确权工作落实到各挂村领导和包村干部，确权工作分管领导、各挂村领导和包村干部入村入户督促指导确权工作。各村都结合本地实际，制定具体的实施方案，村支部书记任组长，指定专人负责确权工作，并明确一名村干部任联络员，各小组指定一名工作联系人，负责与作业公司、乡确权办的业务对接，确保工作顺利推进。做好农户土地承包经营权信息摸底、清查核实工作，并将清查结果张榜公布；充分利用第二次全国土地调查和现有航拍成果，制作工作底图，完成对工作底图的地块勾绘和底图制作工作；建立健全土地承包经营权登记簿，统一制作由县政府核定盖章的农村土地承包经营权证书，做好《农村土地承包经营权证书》的发放工作。至年底，完成60%的行政村确权登记颁证工作任务，在全县各乡镇土地确权工作各项指标的年度考核中，山下乡排名全县第一。是年，加大耕地保护力度，全乡有7个村获得耕地保护款64万元。完成小溪、铁场共0.86公顷的旧村复垦项目。实施源头村58公顷，山下、水门村116.67公顷高标准基本农田土地整理项目。完成源头、小溪2.17公顷的旧村复垦的测量设计，完成铁坑村100公顷高标准基本农田建设的测量工作。2017年，完成青山等7个村80余亩旧村复垦项目的测量设计工作，完成山下、水门1750亩高标准基本农田项目，完成铁场、小溪12.9亩的旧村复垦建设。2018年，完成6个村5.33公顷旧村复垦建设，铁坑村100公顷高标准基本农田建设项目完成评审。2019年，实施铁场、王柏、小溪3个村2400亩高标准基本农田建设和铁坑村1500亩土地平整项目。完成小溪、铁场40亩县级土地开发项目建设。2020年，9个村共实施旧村复垦140亩，实施源头、山下、铁场23亩县级土地开发项目建设。

第二节　林业改革与发展

　　林业尤其是毛竹，是山下乡最重要的资源。党的十一届三中全会以来，贯彻落实中共中央《关于保护森林发展林业若干问题的决定》。1986年与枫溪分乡以后，山下乡党委、乡政府更加注重保护生态资源，正确引领发展林业生产。全乡倡导建设"乡有林、村有林、户有林"。创办乡林场（场部设在铁场村里场自然村），采取资金投入、义务植树等形式营造杉、松林，至1990年乡林场营林面积达5000亩（林区分布山下、水门、铁场、铁坑、凹后、青山）。各个村都造林50—100多亩。全乡提倡栽"结婚树""建房树"，造"青年林""民兵林"，形成了风尚。1991年全乡实现基本消灭荒山。

　　1990年6月，在全县率先进行毛竹山承包责任制改革。根据实际

毛竹林（刘德祥／摄）

情况和群众意愿，5个毛竹主产村全面推行统分结合双层经营体制。通过改革，各村都有一片毛竹山由村集体经营管理，面积达6530亩，占18.5%；有689户与村经联社签订家庭承包合同，占具备承包条件农户的95%，承包面积28744亩，占71.19%；家庭承包第一轮期限为15年，按合同村集体每年可收入承包费30.96万元（按竹山面积90%计算发包），亩平均8.6元（1891—1994年每年按50%返还承包户作为扶持金）。集体与承包户利益分配体现承包户得大头，集体提留适度。

1991年6月6日，南平地区行政公署办公室编发的《闽北经济》刊载《浦城县山下乡完善毛竹山双层经营责任制的情况》，向全区推广。

1994年5月，南平地区行署授予山下乡"闽北竹乡"的称号。

1996年6月至1998年6月，县林委进行第5次林业资源二类调查，山下乡林木总蓄积量291881立方米；林分蓄积量合计281167立方米，其中用材林204971立方米，防护林74252立方米，特用林1944立方米；疏林地118立方米；散生木10080立方米；四旁树516立方米。

1998年4月，开始以林（木）还贷工作试点，1999年8月结束。营林生产资金实行有偿，是林业改革的重大举措，营林生产资金采取"以林

山下乡毛竹山管理机制改革经验在全省、全区推广

还贷、以木还贷"的形式进行。山下乡以林（木）还贷完成调查面积 1588 亩，总投资额 166507 元，回收 157964 元。2000 年，山下、王柏、小溪、水门、源头、铁坑 6 个村扩建毛竹高效丰产示范基

山下乡小溪村竹海公园（柳志勇／摄）

地 1.1 万亩，青山、凹后、铁坑、王柏 4 个村新植毛竹 2000 亩（包括小径竹），建立示范基地，完成 2 个村的竹山环行公路。

2001 年，按照《福建省生态公益林规划纲要》对生态公益林区划界定范围。根据"因害设防、生态优先、因地制宜、突出重点、适度规模、相对集中"的原则，山下乡林业用地面积 132511 亩，生态公益林界定面积 32470 亩，占林地面积 24.5%，占全县公益林面积 3.22%。生态公益林中，特用林 330 亩，防护林 32140 亩。2003 年开始，建设四大商品林基地，山下乡建设目标任务总规模 1.63 万亩，现有 0.6 万亩，新造 0.03 万亩，改造 1 万亩。其中竹浆原料林 0.13 万亩，新造 0.03 万亩，改造 0.01 万亩；毛竹丰产高效基地 0.7 万亩，现有规模 0.2 万亩，改造 0.5 万亩。

2015 年 4 月 13 日，县林业局就省级现代竹业开发扶持工作在山下乡政府召开讨论会，确定小溪、王柏、源头 3 个村作为试点村。在小溪村施肥 1000 亩，开辟竹山机耕道 2 千米，修建蓄水池 4 个；在王柏村施肥 1000 亩，开辟竹山机耕道 3 千米，修建蓄水池 4 个；在源头村施肥 1000 亩，开辟竹山机耕道 2 千米，修建蓄水池 4 个。是年，小溪村结合美丽乡村建设，建设万亩竹海公园，以环山竹海景观为主；另加竹山农事体验的乡村旅游项目逐渐展现雏形。并规划在竹林里建设自行车道、休闲茶屋、挖笋观乐园，并圈养鸡鸭。源头、水门、王柏等村，利用竹林空间，套种铁皮石斛、无患子等药材 600 多亩。

　　2016 年 6 月，山下乡政府邀请县林业局技术人员到乡讲授毛竹科学管育知识，1—7 月，全乡组织毛竹丰产培训班 3 次，受益竹农 200 余人次。8 月 5 日，全县竹产业发展现场推进会在山下乡召开，全县 18 个乡镇、街道的分管领导和林业站长参加，并参观水门村市级竹林丰产培育示范片。是年，山下乡毛竹主要在水门、山下、源头、小溪、王柏 5 个村做到产权明晰、权责明确，全部分山到户，人均约 50 亩。

　　2017 年，全乡竹山施肥 200 亩，开辟机耕道 23 千米。山下乡代表县委、县政府接受上级考评，接受国家部委和央企调研组对浦城县竹林丰产林和竹林基础设施建设的调研，获得好评；接受市委、市政府对浦城县毛竹发展考评，取得优异成绩。2020 年，建设小溪新村笋竹产业园。

第三节　公路建设

1959年开始兴建临江至山下公路，1961年7月竣工，这是山下第一条公路。1970年，开始建设洋村至屏峰山厂矿公路。1972年9月开工建设王口至胡堆公路，1974年10月竣工。至2005年，经过山下的乡道有2条，厂矿公路1条。通村列养公路4条，通村未列养公路7条。主要公路桥梁9座。

临江—山下公路，简称临山线。临江镇国道205线（1955K+90）为起点，至山下乡山下村乡驻地。全长21.2千米。路基宽6.5米，路面宽4米。铺设中级路面20千米，低级路面1.2千米。有永久性桥梁4座，总长83米；涵洞101道，总长789.8米。1959年开工，1961年7月竣工。2004年铺设水泥路面。

王口—胡推公路，自山下村王口自然村与临江至山下公路为起点，至枫溪乡胡推村，长24.6千米。1972年9月开工，1974年10月竣工。1986年，新建王口至水门村雷公桥2.8千米公路，改造雷公桥

通往水门公路（柳志勇／摄）

至枫溪凹8.2千米公路，1987年12月竣工通班车。2014年，铺设水泥路面。

厂矿公路

洋村至屏峰山公路。起自山下乡凹后村洋村自然村与临江至山下公路14K+300相交处至屏峰岗（浦城县硫铁矿），长7.4千米。该路为越岭线，路基宽6—6.5米，路面宽3.5—5.5米，有石拱桥1座，长45.6米。石台石盖板涵洞7道共52.5米。路面为泥结碎石路面，1970年，县硫铁矿投

资兴建。

通村列养公路

山下—雷公桥。接线点临山线 20K+300，长 5 千米，路基宽 4.5 米，路面宽 3—3.5 米。长 20 米，碎石路面 5 千米，开工时间，1972 年 11 月，竣工时间 1973 年。

铁场—铁坑。接线点临山线 15K+50，长 6 千米，路基宽 4 米，路面宽 3.5 米。有桥 2 座、32.6 米，涵洞 3 道、19.8 米。1972 年 12 月开工，1974 年 12 月竣工。

王口—源头。接线点临山线 18K+810，长 5 千米，路基宽 4 米，路面宽 3.5 米。桥 2 座、38.5 米，涵洞 26 道、25.8 米。1973 年开工，1977 年竣工。

山下—王柏。接线点临山线 19K，长 3.2 千米，路基宽 4.5 米，路面宽 3.5 米，桥梁 3 座、47.7 米。涵洞 11 道、57.7 米。1978 年 2 月开工，1978 年 6 月竣工。

未列养的通村公路有：

山下—水源寺：接线点在山下雷公桥 1 千米处，长 2.5 千米，1978 年修建。铁坑—吕山岩：接线点在铁场—铁坑公路 6 千米处，长 3.8 千米，1979 年修建。前洋—青山：接线点在临江—山下公路 11 千米处，长 2 千米，1977 年修建。源里—里炉：接线点在王口—山下公路 6100 米处，长 2 千米，1982 年修建。王柏—高塘：接线点在山下—王柏公路 3200 米处，长 2 千米，1976 年修建。山下—小溪：接线点在山下雷公桥 1 千米处，长 3.8 千米，1987 年修建；有桥 3 座，共 49 米。王口—水门（官岭下）：接线点在临江—山下公路 7200 米，长 2.8 千米，1986 年修建；有桥 2 座，共长 112.2 米，有涵洞 13 道。

主要公路桥梁

临江—山下公路有桥梁 4 座，均跨山下溪支流，1975 年竣工。

洪桥，石拱石台，长 12.2 米。单孔，跨径 5 米，桥面净宽 5 米。

凹后桥，石拱石台，长 12 米。单孔，跨径 5.4 米，桥面净宽 7 米。

铁场桥，石拱石台，长 15 米。单孔，跨径 10.4 米。桥面净宽 7.2 米。

山下水门通枫溪桥

王口桥，石拱石台，长43.8米。2孔，每孔跨径17.4米，桥面净宽7米。

山下至小溪公路有桥梁3座，均跨小溪，石台石拱桥，1988年竣工。

花桥，长12.6米，单孔，跨径8.6米，桥面宽6.6米，人行道2×0.45米，桥高4.3米。

油墩桥，长24.3米，单孔，跨径12.4米，路面宽4.5米，人行道2×0.35米。桥高3.3米。

小溪桥，长12.2米，单孔，跨径6.5米。路面宽4.5米，人行道2×0.35米，桥高3.3米。

王口至水门公路有桥梁2座，均石拱石台，1986年9月竣工。

王口桥，跨山下溪，长82.2米，3孔，跨径均20米，桥面宽4米，桥高6.5米。

葡萄园桥，跨小溪，长30米。单孔，跨径15米。桥面宽4米，桥高4.55米。

2005年后，大力改善基础设施，2012年，新建小溪新村大桥，修复王口大桥，完成农村公路"上衔下延"工程23千米。2012年"6·23"洪灾中，长10米，宽3.5米的王柏村桥头桥被洪水冲刷，桥墩下沉，并产生裂缝。2014年9月19日开工重建，新桥桥长18米，宽5.5米，为

山下大桥

两墩三孔钢筋混凝土浇筑桥梁，当年竣工。是年，还完成铁场村丁元路段拓宽及部分路面硬化建设。2015年，全乡乡道19.39千米公路，聘请养护员专人专职养护，全乡61.6千米村道亦分别安排人员进行管理养护。2016年，在公路危险路段安装夜间禁行标志及减速带等道路交通安装设施。投入25万元完成乡、村水毁道路及其他路基修复。投资120万元完成部分村道硬化及危桥重建。

2017年12月，县道867线临江至山下线道路升级改造开工建设。为山区标准二级公路，全长19.447千米，路面宽8.5米，其中山下境内长11.087千米，途经青山、凹后、铁场、山下4个行政村。2018年，867线临江至山下道路升级改造，部分路面开始硬化。

2018年，前洋至青山线、山下至源头线、山下至王柏线3条乡道"四好（建好、管好、护好、运营好）农村路"建设项目开工，总长7.65千米。2019年7月，农村公路遭遇大面积的水毁，全乡农村公路几十处塌方，桥梁损毁5座。灾后，组织生产自救，及时清理塌方和修复路基，公路桥梁按所有权分别由乡、村、组负责修复。至8月底，公路损毁基本完成修复工作，所有路线均临时通车。是年，有山下线谷前桥和铁场中桥属危桥

通往山下乡的新公路

建设项目，至年底铁场中桥改造完成，谷前桥即将竣工。2019年11月，县道867公路临江至山下线升级改造工程竣工。

2020年，前青线、山源线、山王线3条公路的四好农村路建设基本完工，处于检测验收阶段。对临江至山下公路两旁进行绿化美化。水毁王柏村下南溪北山子桥重建工程基本竣工。危桥改造项目有5座，其中青山大桥和水尾中桥、谷前中桥、铁场中桥8月完工。洋村一桥亦在2021年春节前竣工。

青山大桥

第四节　水电建设

　　1965年，建设洪元山塘。1973年建下桥头坝。1978年6月，水源寺一、二级电站投产。1978年11月开工建设小（二）库水库吕山岩水库，至2005年，全乡有小二型水库1座、山塘5座、水电站6座。

　　吕山岩水库，小（二）型水库1座，在山下乡铁场吕山岩自然村，1978年11月开工，1980年6月竣工。集雨面积2.98平方千米。总库容15万立方米，兴利库容11万立方米，坝高15米，均质土坝。设计灌溉面积13.3公顷，有效灌溉面积12公顷，保证灌溉面积10公顷。总投资16万元，其中国家投资3万元。

　　山塘5座。洪元山塘，在山下乡青山村。1965年建设。集雨面积1平方千米，总库容1万立方米，投资1.5万元。灌溉53.3公顷。碓仔坑山塘，在山下乡小溪村。1982年建设。集雨面积1平方千米。总库容1.2万立方米，灌溉37.3公顷，投资1.3万元。黄墩山塘，在山下乡山下村，1987年建设。集雨面积2.3平方千米。总库容1.2万立方米，供水1560人，投资3.5万元。南溪山塘，在山下乡王柏村。2003年建设，集雨面积7.9平千米。总库容3万立方米。灌溉37.3公顷，年发电量80万度，投资12万元。

　　堤坝有下桥头坝，在山下乡青山村，建于1973年。集雨面积120平方千米，重力坝，坝长41.5米，坝高5.2米，引水渠道长3千米，过水流量0.3立方米/秒，有效灌溉面积140公顷，有效灌溉面积80公顷。

　　山下有防洪堤6处，堤总长3850米，其中石堤3520米，保护耕地260.7公顷，保护人口2623人。

　　水电站有6座。水源寺一级电站，在山下乡小溪村水源寺村，1978年6月投产，装机容量100千瓦，发电量39万千瓦时，投资50万元。

　　水源寺二级电站，在山下乡小溪村小源寺村，1978年6月投产，装机容量125千瓦，发电量50万千瓦时，投资50万元。

龙山一、二、三级电站，在山下乡青山村，一、二级2002年4月投产，三级电站2002年5月投产。一级电站装机容量250千瓦，投资100万元；二级电站装机200千瓦，投资80万元；三级电站装机容量200千瓦，投资70万元。

王柏电站，在山下乡王柏村，2003年12月投产，装机容量150千瓦，发电量45万千瓦时，投资70万元。

青山电站，在山下乡青山村。2003年12月投产，装机容量250千瓦，发电量95万千瓦时，投资144万元。

铁坑电站，在山下乡铁坑村，2005年1月投产，装机容量400千瓦，投资200万元。

山下变电站，输电线路硫铁矿—山下，电压等级35千伏，变电站1台5000千伏，2004年11月投产，投资156万元。

2000年，实施农网改造，全乡电价降到0.96元/度以下，实现农村、城市一样亮。2012年，建立饮水工程18处，修复水毁水利工程28处，新建拦河坝2座。2014年，青山村洪源山塘除险加固等项目全面完成。2014年，安装净水器1台，改善乡集镇和5个村5000多人口的用水需求，提高群众的生活幸福指数。完成铁坑溪流域治理，完成龙江灌区山下分灌区项目建设。2015年，利用村级一事一议项目资金，完成铁场、凹后、小溪、铁坑、王柏5个村的饮水工程，投资503万元，完成山下集镇1007米防洪堤项目建设。

2016年，强化小型农田水利管护，做好台风水毁水利设施修复。完成凹后、小溪村两处防洪堤建设，推进小溪防洪堤附属工程项目。2017年，完成小溪防洪堤附属工程项目及浦城县龙江灌区水源工程补充设计工程（D5标段）项目。

2017年3月，加强河道管理，乡境所有河流实施河长制。乡成立河长办公室，执行河长制工作制度，对全乡较为集中、较大规模共长50.8千米的河流，分成5条河，由党委书记、乡长共同担任总河长，9个村村主干担任河段长，聘请河道专管员9名。各责任人履行职责，至12月，开展巡河2100余人次，发现问题70多个，并全部整改到位。在全乡显

清水漫道

目位置安装 10 个河长公示牌及 20 余面电毒鱼警示牌。取缔 2 个制（洗）砂点。乡河长办联合派出所查处非法电鱼 10 余次，清理河道卫生数十次，逐步健全河道保洁制度。2019 年，对接东部战区海军帮扶凹后村，海军帮扶资金 489 万元，主要用于修建防洪护岸及配套工程，新建廊桥 1 座与公厕 3 座。开始实施前洋自然村防洪护岸及配套工程。2020 年，实现全乡 6 条 200 平方千米河流流域乡、村两级河长全覆盖。实行"一河一档"。全乡 9 个村均配备生态专管员，生态专管员巡查由福州雷品环境科技有限公司承接。山下乡 9 个村河道巡查由雷品公司 2 位生态专管员负责。在全乡范围通过"村村响"、微信宣传等方式宣传禁止钓鱼。二季度，劝阻钓鱼 20 余起，乡河长办联合派出所破获电鱼 2 起，没收销毁电渔具 2 副。累计投资 600 万元，持续开展山下溪铁场段、水门段、青山段、凹后段治理。在汛期前对铁场村、凹后村河段进行泥沙清淤，拓宽河道，为汛期腾出库容。发起"人人都是护河员"行动，以生态员带领志愿者对各村的河段和水源地进行定期巡检，发动志愿者开展"清河行动"，清理河道垃圾。

第五节　环境保护

　　1986 年，乡党委、政府统一规划，发动群众，对铁场连片的荒山 1200 亩全部种植林木、毛竹。1987 年，对青山、前洋、铁场等 8000 余亩稀林山作为乡级封禁山。2011 年，山下乡启动省级生态乡镇的创建工作。是年，山下乡被县委、县政府授予绿化先进单位、森林防火先进单位。2012 年，山下乡党委、政府珍视大自然赋予的秀美风貌和独特环境资源，全力打造绿色新山下。继续实现天然林、生态林保护工程，立足乡情，顺应民众意见，统筹发展。对生活垃圾进行统一处理，实行改厨、改厕、改栏三改，建设沼气池 500 多口。结合"造福工程"和"安居平台"建设，做大集镇规模，全面推进中心村建设，美化村容乡貌，改善村民的居住环境。是年，小溪村通过省级生态村的验收。2014 年，山下铁坑小流域水土保持综合治理项目开工，5 月底全面完成。该项目的生态护岸工程是全县近年水土保持工作的精品和亮点，是功能性与美观性的完美结合，不少县直单位到此参观。是年，为实现国家级生态乡镇目标，乡党委、政府通过《共建美丽山下，推动绿色发展的实施方案》，成立专项工作领导小组，对全乡 9 个村以及沿线公路的绿化、美化、亮化等工作全面整改和规划，加大宣传和整治力度，使"美丽山下，人人有责"的观念深入人心。为改善集镇面貌，乡政府先后多次组织人员对集镇环境卫生进行认真清理，拆除搬迁路边茅厕、猪圈，发动村民进行清洁卫生大扫除，组织村民清理沿路垃圾、杂草，栽树种花。同时在小溪新村实施第二期绿化工程，所有的房前屋后和绿化带上都种上红叶石楠、桂花树等美观的花草树木。为确保生态保护成为长效机制，乡党委、乡政府制定完善的卫生管理制度和保洁制度，对乡区清洁工作实行包干制，切实加强乡容管理和清洁保洁工作，生活垃圾做到日产日清。在全乡境内共建垃圾池 80 个，垃圾收集点 26 个，摆放垃圾桶 280 个，雇用保洁员 32 人。生活垃圾实行统一收集，集中转运，统一焚烧、深埋等无害化处理，营造整洁卫生、文明有序的城镇形象。开展"两违"（违法用地、违法建设）综合治理专项工作，依法制止、查处、清理整治"两违"行为，对新增"两违"行为"露头就打、出土就拆"，实行零容忍，实现零增长，积极稳妥，强力推进，逐步化解历史遗留"两违"问题，切实改变集镇所在地环境"脏乱差"现象，提升居民生活品质，维护社会公平正义。

2015年，按照浦城县委、县政府"共建美丽浦城"的要求，对全乡9个村以及沿线公路的绿化、美化、亮化等工作进行全面整改和规划。全乡范围内共建有垃圾池110个，摆放垃圾桶287个，雇用保洁员32人。开展小溪村美丽乡村五星级创建、源头村美丽乡村省级重点村创建、铁场村美丽乡村县级试点村创建工作。结合美丽乡村建设，开展"无违建"示范乡创建工作。全乡共拆除历年违建面积5180平方米。

2016年，黄标车淘汰8辆，100%完成淘汰任务。强化"两违"、非法采沙打击力度，全年"两违"拆除面积5020平方米。做好"万人保洁"工作，加大垃圾整治清理力度，统一购置垃圾桶400个并分发至各村。开展爱国卫生运动。根据县爱卫办的要求，开展了一次以灭鼠为重点的秋季爱国卫生运动，将爱国卫生与卫生防病、精神文明建设、社会主义新农村建设、美丽乡村建设有机结合。整治环境卫生，清理卫生死角，清除暴露垃圾点，铲除蚊蝇丛生地。铁场村完成旅游特色村创建工作，凹后村被列为2017年美丽乡村建设规划。开展溪河流域环境综合整治，养殖污染、农业面源污染治理。2017年制定《山下乡环境综合整治卫生管理路段长负责制》，明确各单位的卫生包干区；出台《山下乡2017年"万人保洁工作"专项考评办法》，每月组织人员开展一次万人保洁督查工作；集镇所在地每天有专门清洁队不间断打扫卫生，各村也有相应的保洁人员清理村内卫生。做好生猪面源污染整治工作，全面完成辖区范围内不符合要求的猪场，可养区250头以下拆除10家、去功能2家、250头以上改造1家，共拆除面积8425.97平方米，发放补助经费127万余元。开展"两违"综合整治工作，拆除违建面积5100平方米，完成三格化粪池250户。推进国家级生态乡和生态村的创建工作，实施"四绿"工程，全年人工造林

661 亩,森林抚育 1280 亩。2018 年,做好环境综合整治工作。打好小流域污染治理和水源地保护攻坚战,结合实施乡村振兴战略,治理农村污染、改善农村生态环境。对辖区进行环境巡查 160 余人次,对全乡拆除关闭的 18 家生猪养殖场,进行不间断的巡查,以确保在全乡不出现回养现象。继续开展"两违"综合整治工作,集中力量开展调查摸底,通过"两违"信息系统,建立"一违一档"台账。1—10 月份,拆除违建面积 5685 平方米。推进国家级生态乡和省级森林县城创建工作,实施"四绿"工程,全民义务植树尽责率 100%,人工造林 661 亩,森林抚育 1280 亩,普查建档名木古树 197 株。落实国家储备林质量精准提升工程项目,成立山下乡领导小组,明确责任分工,细化工作任务,完成 200 亩的质量精准提升和 1600 余亩的收储工作。2019 年,生态保护先行置前,坚持把保护环境作为发展经济的前提,持续加大环境污染查处力度。紧盯问题抓整改,对标对表,完成中央环保督查反馈问题整改。持续加大畜禽养殖污染专项治理力度,强力强势推进"零星生猪散养"整治及"牛蛙清理"行动。深入实施"三长合一"制,共开展巡查 1200 余人次,发现问题 70 多个,并全部整改到位。人居环境整治重拳出击。实施"千村整治百村示范"美丽乡村工程建设项目。认真开展"两违"整治行动和"五乱"治理工作,实施农村垃圾治理行动,深化"万人保洁"机制,乡垃圾中转站投入使用,推进"户分类、村收集、乡转运、县处理"的城乡一体化处理模式,全乡 9 个村建立生活垃圾治理常态化机制。门前三包工作坚持减存量,控增量,确保垃圾日产日清,一批影响居民生活的卫生顽疾得到解决。按照上级"五乱"整治要求,结合人居环境整治行动,对县道、乡道两旁、村主干道、河岸、集镇周边、公共场所等地进行清洁整改,整治垃圾、废弃物乱倒乱放现象 86 处,巡回检查 100 余次、拆除旱厕 100 余个。

2020 年,持续开展人居环境整治。至 10 月,山下乡共建水冲式公厕 5 个,拆除旱厕 19 个,农村户厕改造 376 户,标准化户厕普及率达 98%。清理生活垃圾、死角共 1156 吨,清理建筑垃圾及装修垃圾共 70 余吨。拆除乱搭乱建、破损广告牌 133 处,整治柴火杂物乱堆乱放 927 处,整治占道经营、乱摆摊等 68 处。全面开展危房排查整治。全乡共计精准摸

垃圾中转站

排 2321 栋房屋，并全部纳入全省房屋安全信息管理系统。其中一般安全隐患 19 户，重大隐患 14 户，采取疏散、加固、拆除等措施，全部整改到位。推进"两违"整治，拆除违建面积 5100 平方米。完成 133 户贫困户农房核验工作。全面落实农房审批、立牌建设制度。开展新时代文明实践工作，完善新时代文明实践所及试点站建设工作，修订完善村规民约，做到规范有序；大力开展文明实践志愿服务活动，开展志愿服务活动 74 次、宣讲志愿服务 30 余场次，注册志愿者 1326 人，志愿服务时长超 7000 小时。积极宣传《浦城县市民不文明行为管理规范》，设置社会主义核心价值观、讲文明树新风等公益广告牌 16 处、横幅 16 条、宣传标语 50 处，修缮大型公益广告牌 6 处。是年，开展黑臭水体治理和劣 Ⅴ 类水体整治，全乡无黑体和劣 Ⅴ 类水体。对全乡入河排污口进行调查摸底，制定入河排污口整治方案，并开展整治。

第六节　集镇建设

　　山下旧街短窄，卵右路面，店屋矮小，民居多为竹木结构（以竹代瓦）。1969 年 11 月 3 日发生火灾，48 户受灾，供销合作社门市部、保健院、税务所、生产大队部等公共建筑被毁。灾后进行规划，翌年，在街中交叉口南北各建占地面积 800 平方米的公共建筑，在横街仔下侧南北对翼各建 1 座 620 平方米的办公用房，民房也重新建造。1975 年公路延伸到街区后，公路两侧建成大会堂、村委会办公楼等一批公共建筑物。1979 年后，新建长 360 米、宽 10 米的水泥街道，东起黄赤岭自然村，西到小溪村廊前自然村。街区房屋也被砖木结构混合结构楼房所代替，聚落呈"～"形。1986 年 11 月，山下自来水厂竣工，水源为引水，设计日供水 80 立方米，供水人口 1200 人。至 1988 年，山下街两旁公共建筑有小学楼、税务所、

山下竹苑街

食品站、粮站办公楼和宿舍楼、邮电所、影剧院、山下村委会、卫生院门诊部、供销社新楼、公社机关等13座楼房，对街而立，建筑面积8060平方米，院落占地8200平方米。山下公路两旁有中学、卫生院住院部、粮站仓库、供销合作社仓库、林业站、经联委楼共13座，建筑面积4760平方米，院落占地面积8300平方米。

1989年，山下乡文化中心实现"五个一"，即有一座小剧院、一栋文化楼、一座电影院、一家录像厅、一个小公园。1997年，山下综合楼竣工。2005年，山下乡驻地住宅建筑面积5.8万平方米，公共建筑面积1.3万平方米，生产用房建筑面积0.3万平方米。街道长1千米，面积3万平方米，安装路灯5盏。年清运垃圾3000吨，公厕2座。

2000年，山下自然村往南扩建，新建160座居民住房，按南北两排相对建造，形成一条东西走向的街道，东起水尾自然村，西至山下乡政府机关大门口，全长350米，宽18米。因建房前是一片小竹林，山下乡又是竹乡，故命名为竹苑街，为山下第二条街。是年，占地435平方米的

市场（刘德祥／摄）

山下中心幼儿园

山下中心小学（柳良金／摄）

山下中学（柳良金／摄）

卫生院楼投入使用，开始兴建邮电楼。2012年，山下中心小学生宿舍楼落成。2017年，开始实施污水处理厂和垃圾中转站建设。2018年，进行集镇自来水升级改造，新建山下幼儿园。2019年，集镇道路损毁修复，山下污水处理厂铺设管网12千米。山下中学综合楼竣工。2020年，实施集镇污水处理厂及管网扩建项目，做好集镇立面改造和水泥路面修复，继续完善山下中学教学楼综合楼建设，完成集镇自来水厂后续工程及山下国土资源所修缮项目。

第七节　脱贫攻坚

1980 年，县人民政府决定将家庭缺乏主要劳力及人多劳力少，缺乏资金和生产技术，因而不能维持基本生活的农民，列为扶贫对象；将凡有条件勤劳致富，但尚未达到或超过当地群众中等生活水平的农村复退军人、烈军属、残废军人列为扶优对象。这两种对象简称"双扶"对象，并将复退军人中伤、病、残、孤和参战立功人员作为扶持重点。以水南、山下、盘亭 3 个公社为"双扶"试点。是年，这 3 个公社共扶持 226 户 1297 人，国家拨给扶持资金 3.6 万元、棉被 136 床、棉衣 87 件。

1984 年 2 月，县成立"双扶"工作领导小组，县长兼任组长，成员由各有关部门负责人组成，下设办公室（设在民政局）。确定在全县范围内采取点面结合方法，重点扶持管厝、水北街、山下等 3 个公社。1986 年，县以人均收入不足 200 元的乡、村、户作为扶持重点。

1989 年，全县有山下、枫溪两个贫困乡，选派干部到贫困乡驻村扶贫。1997 年，发动党员干部与贫困户结对扶贫，并将扶贫情况记入台账，不脱贫不脱钩。1999 年，将"造福工程"列入为民办实事项目之一。

2004 年，推进中心村建设，把居住条件十分恶劣的小溪村龙井头村搬到距集镇 1.5 千米的水源寺，新建水源寺新村。

2007 年，第一批整村推进扶贫开发工作结束，开始实施第二轮整村推进扶贫开发工作。2010 年，结合造福工程和中心村建设，在集镇南面新建小溪村。

2014 年，源头村是浦城县 6 个省重点扶贫开发项目村之一。是年，投入 70 万元进行三座桥梁和一条环村道路的建设。2005 年，实施精准扶贫、科学扶贫，抓重点扶贫开发村建设。

2017 年，为做好脱贫工作，乡党委、政府年初向各村下达脱贫任务，明确年终全面脱贫是硬任务，在"百日攻坚"及"四比六促"期间，根据

加工笋干的传统工具——笋牢

实际情况，制定《山下乡精准扶贫工作方案》，充分利用好扶贫专项资金。年初，安排10万元中央财政扶贫资金扶持91户建档立卡贫困户。通过发展毛竹抚育、杉木幼林管护、家禽养殖等产业脱贫致富。8月底，又安排6.5万元中央财政扶贫资金扶持30户建档立卡贫困户，通过发展稻田鱼养殖、毛竹抚育等产业脱贫致富；10月31日安排7万元中央财政资金扶持70户建档立卡贫困户发展产业。举办雨露计划培训班，参训43人；完成贫困户小额贷款142万元。突出做好光伏产业扶贫脱贫工作。做好小溪新村造福工程易地搬迁安置点二期建设项目，安置房30户基本竣工，年底搬迁入住；土地平整及挡墙项目也完工，共安置130余户住房。是年，凹后村列入省级扶贫开发重点村。全乡建档立卡贫困户193户、474人，通过帮扶脱贫116户、254人。新增贫困户4户、15人，合计未脱贫81户、235人。

2018年，山下乡始终把扶贫攻坚工作作为重大政治任务来抓，有序推进扶贫开发工作。围绕竹笋开发、稻田养鱼等特色产业，借鉴"支部+合作社+基地+农户"模式，实施贫困村"一村一品"产业推动行动，鼓励和引导村干部、党员、能人创办农民专业合作社，发挥对贫困人口的带动示范作用，帮助农民就业增收。王柏、源头 2 个村成立笋竹专业合作社，并成功注册"王柏闽笋干""源头贵妃白玉笋"两个品牌，"山下笋干"获国家知识产权局地理标本证明商标。立足实际，对贫困户发放 2 批中央产业扶贫资金 10.75 万元，主要给贫困户用于发展水稻、毛竹、烟叶、竹荪、稻田养鱼等项目。为贫困户设置 9 个卫生保洁员公益性岗位，贫困户每人月收入 1280 元，增加贫困户的劳务收入。立足"生态银行"发展模式，围绕村集体和村民实现双增收，创办"浦城县幸福老家农牧业发展农民专业合作社"，探索"村集体 + 基地 + 农户 + 公司"的精准扶贫模式，流转农村土地 86.88 公顷，带动贫困户脱贫增收。为 86 户贫困户办理小额贷款，覆盖率 46.69%。按照雨露计划，对符合条件的在校学生 8 人，给予 3000 元 / 人的补助。山下卫生院落实"七个一"工程，给贫困户建立一份健康扶贫卡，每年至少安排一次免费健康体检，每年一次健康会诊，设立"健康扶贫对象绿色通道窗口"、建档立卡贫困人口绿色通道。乡村两级通过各种媒介宣传精准扶贫医疗叠加保险等各项优惠政策。全乡做到每月低保金、"五保"金及时发放。并按照农村低保对象和扶贫对象定期比对的要求，对上级有关部门数据比对的结果充分运用，确保应保尽保。特别是凹后村在省人社厅下派第一支书的努力下，促成东部战区东海舰队、福建海军基地挂钩凹后村脱贫帮扶工作。完成全乡 111 户地灾搬迁安置点项目和小溪村易地搬迁二期工程及配套基础设施建设。是年，源头、王柏、铁坑村脱贫。

2019 年，乡党委、乡政府通过精准分析，量体裁衣，实现所有贫困户"全覆盖、一对一"结对帮扶。全乡系统内共有建档立卡贫困户 180 户、430 人，其中国定 137 户、306 人，省定 43 户、124 人，深度贫困户 3 户。落实建档立卡贫困户造福工程易地搬迁 3 户、13 人，补助资金全部拨付到户。以代管分红模式开展 11 户贫困户灵芝扶贫项目，每户补助用于投资入股 2000 元；乡本级开发 11 个贫困人口卫生保洁公益性岗位，每人补助 4800 元。同时，落实财政兜底政策，做到应纳尽纳、应保尽保，并及时发放低保金、五保金。是年，凹后村脱贫。

"闽产高品质道地中药材灵芝、孢子粉规范化种植及精准扶贫示范研究"项目种植基地（柳良金／摄）

2020年，脱贫攻坚责任落实。加强扶贫队伍建设，成立以乡党委书记为组长，各班子成员为副组长，各相关部门负责人为成员的山下乡扶贫开发领导小组。领导小组下设扶贫办公室，由扶贫办公室设3个专职人员、2个兼职人员，具体分工、负责贫困人口精准识别、建档立卡、动态管理及精准扶贫精准管理的领导、组织、协调、检查、督查等工作；成立驻村工作队及村级扶贫开发领导小组，每村确定1名扶贫联络员，各村两委干部包组分工，与组内贫困户建立日常扶助关系；全乡干部职工每人挂钩帮扶2-3户贫困户，落实"一季一走访、一月一联系"要求，制定帮扶措施，动态记录扶贫手册。全力营造脱贫攻坚氛围。制作框架式固定扶贫宣传标语、条幅式宣传标语、墙体喷绘标语、固定宣传栏等。同时创新宣传形式，通过微信公众号、微信群、微博等新媒体不断丰富宣传内容、拓宽宣传阵地，营造出全社会共同关注、支持和参与脱贫攻坚的良好氛围，为决战决胜脱贫攻坚工作打牢群众基础。乡村建立扶贫档案资料和一个扶贫资料档案专柜，用于专门存放扶贫资料。精准发力、持续推进扶贫开发工作落实落地。定期召开党政班子会，分析讨论近期扶贫工作存在问题及学习上级扶贫文件精神，根据工作需要及时召开精准扶贫专题会议和村主干及帮扶责任人联系推进会。乡纪委会同扶贫办不定期进行扶贫工作落实抽查，同时对重点阶段进行工作重点督查，特别是对扶贫资金的监管，确保资金专款专用、政策落实。开展就业扶持、岗位推介、就业引导、社保补贴、养老保障、开发公益岗位等，帮扶有劳力的贫困户就近就地就业，并人手办理一本就业创业证。山下乡为贫困户设立公益性岗位 9 人，到圣农务工 3 人。低保兜底，完善农村低保、特困人员和残疾孤儿等供养制度，以核查比对做到应保尽保、兜底扶贫。通过摸排筛查，补报新增贫困人口低保对象 7 户、19 人，给 2 户支出骤增的贫困户分别发放临时救助 2000 元。工作落实。自 2015 年底精准扶贫建档立卡"回头看"以来，执行动态管理调整 9 次，包括新增、退出、家庭成员自然新增、家庭成员自然减少等，共有建档立卡贫困户 179 户 439 人。扶贫对象的识别退出均按"村评议—工作队核实—乡审核"三级网格化把关及公示公告，识别退出结果与实际相符，做到应纳尽纳、应退尽退。贫困村退出程序规范，真实达到退出条件，贫困户建档立卡档案做到一户一档，逐户建档。做到"三保障"和饮水安全落实。全乡教育适龄人员无义务教育阶段辍学学生。对建档立卡贫困家庭子女就学及资助政策落实情况开展全面排查，确保建档立卡贫困家庭子女在学前教育、义务教育、普高教育、中职教育、普通高等教育等阶段均享受到教育扶贫政策。2019 年，贫困户子女中高职补助（雨露计划）19 人 5.55 万元。基本医疗、大病救助及精准叠加医疗政策全覆盖，补充商业医疗保险，并推进"三个一批""四个到位"和"七个一"帮扶工程。至是年 8 月 31 日建档立卡贫困人口共 79 人享受医疗保险报销，累计 50.09 万元。全乡所有贫困户住房安全全覆盖排查，未有遗漏危房情况，全面落实危房改造政策；对 179 户贫困户逐户开展危旧房核查工作，完成国定易地扶贫搬迁 17 户 44 人，其中小溪村安置点安置 16 户 39 人。修建自来水、合理调配水源、出台措施保护、加大饮水提升工程，完成农村建档立卡贫困人口饮水安全保障目标任务。防止返贫监测和帮扶机制。通过扶贫服务热线电话及闽政通"一键报贫"手机信息平台,对主动在线申报贫困的5户农户贫困情况,由分管领导、挂村领导带领包村干部、扶贫办人员入户调查核实。其中3户为手误操作;另2户,以"两不愁三保障"及饮水安全和收入情况作为核实贫困条件依据,均不符合监测对象条件。针对8户脱贫不稳定对象,监测重点对象政策落实、责任落实、家庭变化等基本情况,进行逐户建档管理,逐户制定帮扶方案:强化"双帮扶人"机制,在原来的挂钩帮扶责任人的基础上,加配一名副科级及以上领导挂钩帮扶(原帮扶人是副科的不再加挂)。落实应对疫情影响19条措施,针对因疫情影响未外出复工人员,加强岗位推荐,经常推送岗位信息,并联系劳保所做好网上招聘。推荐10名创业致富带头人和5个创业农户培训。利用第一批中央财政专项扶贫发展资金5万元,共发放39户贫困户;利用省级产业扶贫12万元资金,共发放93户贫困户,主要扶持贫困户发展竹荪、毛竹抚育、笋干制作等方面,实现户均增收约500元。通过抓推荐就业、产业扶持、巩固提升"三保障"和饮水安全成果、加强临时救助和兜底保障以及深化挂钩帮扶工作等一系列措施,实现无一户一人因疫情返贫。是年,山下乡将第一批中央财政专项扶贫发展资金安排补助铁坑村25万元,用于铁坑村2019年灾毁农田建设项目;补助源头村30万元,用于郭下自然村防洪护岸项目;补助王柏村15万元,用于桥头水毁防洪堤建设项目;补助凹后村15万元,用于凹后水毁防洪堤建设项目。第二批中财专项扶贫发展资金补助安排源头村25万元,用于郭下自然村防洪护岸项目;王柏村15万元,用于桥头水毁防洪堤建设项目;凹后村25万元,用于军民融合特色竹笋加工厂建设项目;铁坑村10万元,为村集体发展种烟项目。在各级督查中发现山下乡存在的帮扶数据不规范、易地搬迁安置点地质勘查报告不全等问题,全部厘清,或按照整改要求明确责任落实到人整改到位。同时,对接乡纪检部门,主动提供扶贫领域监督管理问题线索,推动整改工作取得实效。

10月28日,全乡建档立卡贫困179户439人(国定137户317人,省定42户122人)全部脱贫,其中稳定脱贫5户19人。

第八节　矿业、养殖业

福建省和顺矿业化工有限公司

公司在山下乡凹后村屏峰岗。此地从宋代开始开采铁矿。矿山储量1237万吨，为全省之冠。1958年为屏峰铁厂。1961年停办。1970年，复建。1972年改建硫铁矿，年产硫铁矿 13143 吨（实物量，下同）。1974年起，逐步使用机械化开采，当年产量达 27764 吨。1979 年，年产量达 7 万吨，产值 252.36 万元，创矿

历史最高水平，列县企业榜首，被省石化厅列为十大重点企业之一。后因广东云浮大硫矿投产，浦城产品运距长，外运量骤减。1982年，进行扩建。1984年，开始安装全套选矿设备，以减低运输成本。1987年，扩建工程完成，共投资614万元，年产原矿能力由5万吨提高到10万吨，日精选原矿300吨。1971—1988年，共采硫铁矿61.94万吨。1988年末，职工269人，固定资产原值808万元，年产矿29583吨，产值104.91万元，利润6万元。1996年4月29日，县硫铁矿与县林产化工总厂、磷肥厂、香料厂、化机厂和针织厂组成建立县化学工业有限公司。2005年底自行解体。

　　1999年2月，成立福建省和顺矿业化工有限公司。在原硫铁矿矿址经营铁矿、铅矿、锌矿、铜矿露天、地下开采，矿业和化工产品的选治加工、销售。2001年，和顺矿业化工有限公司投资近5000万元，在此建厂，完成选矿的建设、设备安装、尾矿库的改造和露天采矿场、堆土场、地下采矿场的前期工作，2002年，再投资3000万元，继续完成露天采矿场、堆土场、地下采矿场和循环水池的建设。项目进入正常投产后，年可加工原矿30万吨，产值约5000万元，创税400万元，可安排就业岗位200多个。2018年，和顺矿业萤石浮选技改及配套基础设施改造项目总投资4600万元，主要依托现有的萤石矿、硫铁矿为原料，配套建设硫酸、余热发电、尾矿资源综合利用等相关产业链项目，开发适度的工业产业旅游示范项目。2020年，和顺矿业萤石浮选技改及配套基础设施改造项目完成，是年产值亿元以上，创税利达1000余万元。公司拥有矿山选矿厂一座，占地面积4平方千米，员工300名。矿区内有大型选矿生产线。主要与印度、马来西亚、澳大利亚、美国等国家进行业务合作，其中与美国凯撒铅业——氧化铝（H·S，编码282612）业务往来较为频繁。

福建润东农业生态发展有限公司

　　润东农业生态发展有限公司承担现代立体农业综合开发项目，开发地在山下乡凹后村。2012年，浦城县润东茶油专业合作社投入3000万元，在凹后村新建山茶油基地1000亩，改造山茶油山3000亩；建设建筑面积约10000平方米的山茶油加工厂，加工厂旁建一个年可养猪1000头规模的养猪场。项目建成投产后可新增产值上千万元，税

收几十万元，提供就业岗位近百个。当年，种植山油茶500多亩，建设养猪场2座。

2016年，全乡200头养猪场近20家。2017年，生猪养殖污染整顿共拆除17家，仅存福建润东生态发展有限公司1家。是年，润东生态发展有限公司进行现代立体农业综合开发项目，建成1000头母猪2万头生猪养猪区。2018年，福建润东生猪养殖场投资3800万元，进行升级改造续建项目。2020年，生猪存栏8000多头，出栏16000多头。养猪场占地100亩，种植基地新种油茶1000亩，改造老油茶山3000亩，新种红豆杉等珍稀树种500亩，油茶加工厂占地50亩。

润东生态农业有限公司

第三章
物阜名优　特色产品

第一节　传统产业

水稻生产

　　山下乡长期种植单季稻。1955 年引进高秆早熟品种"陆才号"，在山下村进行双季间作稻试种获得成功，这是山下乡农业耕作制度一次大变革，双季水稻农业生产的开端。1956 年，即向平原村青山、凹后、铁场、水门、源头等村推广，扩大了双季间作稻的面积种植，加上冬种的油菜、麦子，耕作制度一年三熟制，但是双季间作稻晚季常遭低温受冻，产量不高，加之收割双早，晚季禾苗生长受到影响。1958 年开始试种连作稻，在双早收割后，立即进行翻土，抢插双季晚稻，及时中耕追肥，连作稻比间作稻较为高产。耕作制又一次变革。稻作制度逐步推行三改：改稀植为适当密植，改老秧龄为短龄幼壮秧，改高秆品种为矮秆品种。合理施用氮、磷、钾肥。冬季扩种紫云英，以磷带氮，培植绿肥，双晚适时烤田，串灌改输灌。推广双季连作稻的同时，带来提早培育短龄幼壮秧的困难。为了

凹后村农田（刘德祥／摄）

克服春暖迟，采用蒸气育秧（用热水蒸气培育早稻秧，先在室内用门板铺泥浆，撒上催芽种子，继以铁锅烧水，进行室内蒸气育秧）。1967年后改为室外薄膜育秧。1987年，在青山、凹后、铁坑、山下、王柏、水门村的平洋田推广垄畦栽，获得增产。南方六省一市水稻半旱式栽培现场会到此参观。

2000年，发展五色米，种植2500亩。2014年，推进"水稻高产建设"项目，全面推行机插秧播种技术，在青山村青山畈、山下村王口畈建3个百亩攻关田。2017年，山下耕地保护工作被县政府评为一等奖。2019年，建成3个水稻高质高效示范片合计2500亩，建设粮食产能示范片4100亩，落实"浦城大米"水稻品种（中浙优8号）种植1300亩。2020年，继续开展"水稻绿色高质效"项目，推广农业机械插秧技术。是年，种植水稻8900亩，发展中浙优8号的优质稻2160亩，建立粮食产能区5100亩，水稻高效示范片2500亩，推广水稻机插245亩。年产粮食4200吨。

鲜笋、笋干

山下境内空气温和、土壤湿润，多为黄色的黏土，适宜毛竹生产。全

山下闽笋干（刘德祥／摄）

乡有竹林 4.87 万亩。由于毛竹资源丰富，制造笋干普遍流行。每年清明节前后，春笋冒节后，竹山上挖笋、剥笋，笋窑里煮笋、漂笋、压笋、烤笋一任繁忙。有一首民谣："正月准备二月做，三月上山挖笋去，全家辛苦在笋牢，四月下山赚钞票。"可以看出笋干制作时间和繁忙情况。20 世纪末开始，竹农在林业部门和乡党委、政府的引导下，实施一系列的科学管育措施，通过深翻、劈草、施肥等措施，竹山的出笋率提高，使毛竹产量和质量发生根本性的变化。

笋 牢

　　鲜笋，笋壳特别薄，色泽金黄，笋芽肥而白，剥去壳后，体态丰腴，肉白而细嫩，吃起来滑嫩脆爽，就像"贵妃出俗"，俗语称"黄泥白玉笋"，注册商标为"源头村贵妃白玉笋"。2020 年，全年产鲜笋 6000 吨。

　　山下笋干分为闽笋、咸笋干、黑笋干和脆笋片。闽笋因产于福建而得名。闽笋选用优质鲜笋为原料，经过去壳、蒸煮、漂洗、压片、烘干、整形等加工而成，是来自大自然的无公害食品，素有"八闽山珍"之称。闽笋虽然好吃，但质地太硬，浸泡时间要长。2008 年开始，对闽笋的制成工艺进行改良，把长的笋制作闽笋，短笋做成咸笋干，中等个的笋做黑笋干、脆笋片，对白笋干进行深加工，不添加防腐剂进行真空包装、高温灭菌，延长了产品的保质期，并保持笋干原有的香味，解决消费者吃笋干怕麻烦的难题，适应现代人的生活需求。

　　制作笋干的工具原来用毛竹当压榨工具，用嫩毛竹编成绳子，用木头做杠杆，烧木炭来烤笋。如今加工技艺就有了很大的改变，原来的毛竹压榨改成木板的，嫩竹编的绳子改成了钢丝绳，还配上了滑轮，烤干机替代了木炭。传统制作闽笋干主要工序有：

原料选择：将鲜笋外壳剥去，砍去根部，选择出土长度 25 厘米左右的活笋，死笋不用。

煮笋：每锅用大火煮 5 个小时左右，用铁钎刺入不滞时（已熟），或者听见笋裂开的响声即可。煮时有立式和卧式两种摆法，上面可覆盖塑料薄膜加以密封。

漂：把煮熟的笋放入大木桶，用铁钎把竹节通开，注满清水，泡上三天，水混即换，清除植物性油脂。村民一般用活水泡笋，把山泉水用毛竹接入木桶里，久泡不混。

上"架"（压扁）：把笋放入用大木头制作的专用器械（当地叫"架"或"枷"），表层覆盖稻草或树皮均匀受力，利用杠杆原理，"架"的一头吊 300 斤左右的石头进行压榨，所需劳力在三人以上。天天察看调整"架"

闽笋干制作过程（柳良金／摄）

闽笋干制作过程（收藏）（柳良金／摄）

的杠杆，不失压力。可多次增加笋的数量，直至"架"满为止。笋在"架"时不会变质，可保留到盛夏时间，避开雨季。

晒干：当夏季进入"伏天"，即可开"架"，用铁叉取出，此时的笋均呈现扁平状，晾晒在竹片晾架或平台竹席上数天，中途不能被雨水淋湿。待笋干尾发脆，颜色见白、笋干肉体呈半透明状即为成品，可打捆收藏。

收藏：按照长度每5厘米分一级，每捆重量25千克，用竹篾索进行捆扎。保持干燥，离地面放置待卖。当年没卖完的可放在谷仓里保存。

加工工艺中的煮、漂、晒的操作环节决定了闽笋干的品质质量，全靠制作经验把关。

山下笋干有"王柏闽笋干""王柏黑笋干""竹歌翠舞脆笋片"商标。2018年，"山下笋干"获国家知识产权局颁发的地理标志证明商标注册证，竹歌翠舞牌脆笋片获得浦城首届"十佳旅游伴手礼"称号。2020年，笋干产量531吨，居全县各乡镇之首。脆笋片每月产量3000包。

油 茶

山下群众素有食用茶油的习惯，多在村庄附近的山坡地种植油茶树，摘油茶籽榨油。2012年开始，润东茶油专业合作社在凹后村新建山茶油基地1000亩，改造山茶油山3000亩，建设建筑面积10000平方米的山茶油加工厂。2014年，发展油茶40公顷。2020年，全乡油茶面积5000亩（其中本山下2000亩，润东公司在仙阳基地3000亩）。

顺太纸

山下昔是浦城乃至福建省产纸区之一，境内山峦重叠，盛产毛竹，资源丰富，水源纯洁，适宜于造纸事业。山下盛时顺太纸有纸槽一两百张。嫩竹丝为原料，纸面胶水使用多种天然植物人工合成。特级品的顺太纸呈乳白色，水色好，纸质细腻，韧如丝帛，薄似蝉翼，销往浙江、上海等地。其后，由于受机制纸冲击，生产萎缩，但至1988年还有生产顺太纸。

笋 鱼

由米粉、辣椒、香料拌作馅料灌入久煮色深的完整咸笋烤干而成，炒食香酥余味无穷，是小溪村群众招待客人的一种特名产。

鲤鱼干

用鲜鲤鱼破肚腌制数十分钟。放入锅壁用油以适当火候贴熟，然后再用各类蔬菜垫底，煮烂烘干而成，色泽金黄。煮或不煮均可食，味香松脆，吃时有无鱼骨感觉不出，是凹里各村群众招待客人的佳品。

第二节　特色产业

烟　叶

山下传统种植晒烟，种于田的称田烟，种于山者称山烟。1988年，浦城从永定引进烤烟种植，其后，山下开始种植烤烟，并作为特色产业来抓。2012年，建成铁场、凹后、水门、青山村烟基项目。2014年，以建立烟叶生产基地为目标，推进烟叶种植逐步向优势产区集中，重点加强对铁坑、青山、凹后等种烟大村种植技术指导。2019年，种植烟叶580亩，收购烟叶1740担。2020年，种植烟叶600多亩。

烟叶（刘德祥／摄）

食用菌

山下种植历史悠久，用鸡公仔树、枫树、栲树、橡子树等，整株砍倒，砍花自然培育，1970年，引进香菇菌，用段木栽种，当年见效，产量大增，各村农户均有种植，其中铁场、铁坑、源头、水门、小溪等种植较多。1985 年，进入段木栽培和木屑栽培（袋装）相结合的阶段。其后，砍伐阔叶林种植逐渐消失，均用袋装方法种植食用菌，为保护生态环境起了较大的作用。山下食用菌主要是竹荪。2000 年，种植食用菌 500 万袋。2014 年，种植竹荪 230 亩。2020 年种植竹荪 541 亩。

稻田养鱼

山下有在稻田中放养鲤鱼的传统。农户在插秧前投放鱼苗，鱼儿与水稻共同生长。鱼儿在稻田中嬉戏游动，觅食生长，这样松了土，除了草，鱼粪肥了田，同时也除了虫害。因稻田海拔高，水源清凉，鲤鱼生长缓慢，鱼肉鲜美。这是不用农药、化肥的典型传统生态农业。2014 年 1 月，铁场村成立达达淡水养鱼专业合作社。这年，稻田养鱼 33.35 公顷。2018 年 1 月，青山村成立云水居水产养殖专业合作社。2020 年，稻田养鱼 800 亩。

稻萍鱼

灵 芝

　　灵芝是药材和保健品生产的优质材料，还是祥瑞的象征。山下有灵芝生产的优良条件。20世纪90年代，开始椴木灵芝的制种、栽培。2020年，与仙芝楼生物科技有限公司合作，建立灵芝基地180亩。

与国家科技合作专项棚芝基地（柳良金／摄）

第四章

美丽乡村 胜景历历

第一节 美丽乡村建设

　　2004年，山下围绕新农村建设总体目标，按照"挖掘潜力、完善功能、增强集聚、优化发展、凸显特色"的要求，结合"幸福工程"和"安居平台"建设，做大集镇规模，推进中心村镇建设，改善村民的居住环境，把居住条件恶劣的小溪村龙头井自然村搬到距集镇1.5千米的水源寺，新建水源寺新村。2010年，结合造福工程和中心村建设，充分利用造福工程和灾后重建资金，在集镇南面新建小溪新村，征地50余亩，总造价6000万元。将小溪村分散在11个高寒偏远地区的自然村，整合为一个中心村和3个自然村。2011年，山下乡启动省级生态乡镇创建工作，乡党委、

小溪村委会（刘德祥／摄）

政府立足乡情、顺应民意、统筹发展。对生活垃圾进行统一处理，实行改厨、改厕、改栏三改，建设沼气池500多口，在美化村容乡貌的同时，

也改善了乡村生态环境和生产条件；推动产业结构调整，促进经济从数量型向质量型转变；向全乡各个家庭发放公开信，各村悬挂横幅，倡导环保，共建绿色家园。在乡村两级的共同努力下，山下乡被县委、县政府授予"造林绿化

造福楼

先进单位""森林防火先进单位"，小溪村被县委、县政府授予"中心村建设十佳村"。2012 年，全乡完成山下、小溪、源头 3 个中心村规模编制，山下、小溪中心村启动新房建设 186 户，搬入新居 121 户，新增集镇人口 1569 人，累计完成中心村镇基础设施建设 326 万元，城镇集聚功能和辐射带动作用逐步增强。小溪新村一期工程水、电、路、通信等基础设施覆盖率达 100%。新村内农民公园、健身场所、社区服务中心的远程教室、农家书屋及绿化、美化、香化等有序推进。小溪村通过福建省级生态村的验收。2014 年，源头村争取省市县各级党委、政府和相关部门的大力支持。省人社厅下派第一支书驻村帮扶，带领村两委干部和村民进行基础设施建设，改善群众的生产生活条件。

新建及改造自然村公路、环村公路 3380 米，新建廊桥交通桥梁四座，重建源头至沙段水渠 1500 米，清理郭下至源头河道 200 米，新建垃圾池 8 个，利用原村小学的建筑改造建设多功能农村幸福院一座，开挖一个集排污、净化、养殖于一体的农村新型清水鱼塘 5 亩，多功能农村幸福院、水冲式公厕等投入使用，村前河道的两处景观石坝以及生态鱼塘建设完成，村部大楼维修工程、全村供电线路改造项目紧锣密鼓进行中，农民广场土地征用和地面附属物的迁移工作全面完成，即将启动建设。小溪中心村一、二期工程投资 6000 多万元，161 户农民已全面建成搬入新居。投资 100 多万元完成小溪村农民公园建设，同时山下乡集镇防洪堤项目落地，为小

小溪新村（刘德祥／摄）

溪村美丽乡村建设锦上添花。投资 550 万元完成小溪新村农民公园、灯光球场、体育健身广场、绿化带、景观树、景观灯、景观石、花池等项目建设，河滨堤坝和清水平台也在规划设计中。2014 年 12 月，小溪村被南平市授予浦城县四星级美丽乡村称号。

2015 年，山下乡充分利用绿色资源优势，积极融入"大武夷"旅游圈，努力打造生态旅游产业。在美丽乡村建设中持续加大对小溪村、源头村、铁场村的旅游开发建设，整合生态、人文、特色农业休闲观光资源，打造集吃、住、游和娱乐为一体的多元化乡村旅游产业，打开了美丽乡村建设与旅游开发齐步走的发展格局。

2016 年，美丽小溪再升级。两排粉墙蓝顶的新楼房宛若长龙，在青山绿水的映衬下显得分外气派。街道干净整洁，房前屋后花草掩映，社区服务中心、文化读书室、灯光球场、体育健身场所、家庭宾馆等配套设施完善。根据规划，小溪村将依托山、水、田园、村庄等要素，全面整合旅游资源，打造"望得见秀丽山水、听得见虫鸣鸟叫、尝得到特色美食、记得住乡村味道"的宜人乡村环境，以竹业开发为支撑，多元产品为拓展，辐射带动旅项目发展，按照"一心一带三园"的发展框架对时乡村旅游进行建设，即一个旅游服务中心，一条青翠葱郁延绵竹林带，三大特色乡村旅游风情园（高山隐地乡村欢乐园、古韵木香老树园、燕子岩红色文化教育园），并从"食住行游购娱教"要素进行专项策划，形成点线面串联、动静结合的集乡村休闲、高山避暑、农事体验、红色教育为一体的乡村旅游特色村。

源头活水焕生机。源头村森林资源丰富。境内山泉流淌，怪石嶙峋，阶梯瀑布直泻龙潭，气势壮观，是避暑休闲、生态旅游的好去处，素有"小武当"美誉。走进山间，绿树成荫，瀑布成群。一股股激流从陡峭的山崖上飞流直下，给人一种气势磅礴的感觉。鲤鱼潭、西子沐浴、圣猴背子寻水等自然景观水流清澈，奇石惟妙惟肖，经常有游人慕名前来欣赏这独特的大自然美景。投入 1000 多万元，完善各项基础设施，打造生态家居环境和乡村旅游胜地。建好景观廊桥、农民公园、森林人家，方便游客休闲娱乐。村里聘请福建农林大学旅游学院做好规划设计，通过整合"飞龙瀑布群"、里炉古树群和 3000 多亩原始灌林等旅游资源，打造源头乡村三日游旅游路线，让这个古老而美丽的乡村焕发勃勃的生机。是年七夕，在位于山下乡铁场村的情人谷，首届情人谷七夕情诗、情联、情歌会如期举行，来自各地的 1000 多名游客在这里尽情狂欢。情人谷以一峡三谷六曲九瀑组成，就像一面古铜镜，静静地依偎在山下的臂弯里。走进蜿蜒数里的峡谷，涧水清澈见底，两岸奇花异树，美不胜收。铁场村按照福建省乡村旅游特色村建设与服务规范的相关要求，结合当地一些特色旅游资源，因地制宜，精心制定和谋划乡村旅游项目。是年，村重点突出铁场村特色，培育旅游产业，树立特色化、集约化、规模化的大旅游、大发展意识，以情人谷、逍遥谷、龙峡飞瀑和千亩荷塘等景点为依托，与福建龙潭峡谷旅游开发有限公司合力在主景区内建起标准化的游客服务中心、旅游环保公厕和大型生态停车场；引导村民自办农家乐民宿旅馆，把民宿进行升级改造，民宿内能够提供住宿、餐饮、休息、娱乐等功能。引导村民大量种植高产莲子、种四季水果、养殖当地特色稻花鱼和仙子田螺。由此形成了布局合理、特色鲜明的乡村旅游特色村，让这块浪漫的土地再展新姿。是年，铁场村被评为美丽乡村。

2019 年，乡党委、政府始终把旅游业放在发展的重要位置，立足本乡生态资源，融入"大武夷"旅游圈，打造吃、住、游、娱、购为一体多元化乡村旅游产业。以海军帮扶为契机，努力将凹后村打造成美丽乡村、水美乡村、精准扶贫、乡村振兴、军民共建"五位一体"的示范村，着重突出独一无二的军民共建元素；进一步完善铁场村龙潭峡谷（俗称"情人谷"）景区基础设施条件，打造特色文化和农耕文化，进一步提升旅游特色村建设水平；开发小溪村"万亩竹海"乡村旅游，并建立竹文化展示厅，着重突出竹文化元素；着重发展源头村生态旅游，接续做好飞龙瀑布的基础设施建设，旅游步道完工。是年，青山村被评为美丽乡村。

2020 年，山下乡打造全域旅游景区，全乡 9 个村都有旅游景区，其中凹后打造军民建设美丽乡村旅游景区，铁场村打造情人峡谷自然景观美丽乡村，源头打造生态康养飞龙瀑布景观美丽乡村，小溪村打造新村建设、万亩竹海、红色燕子岩景区美丽乡村，水门村打造醉美山下桃花仙泉、蝙蝠岩生态长廊景区。几村成片形成山下乡全域游。是年，全乡 9 个村委会，有小溪村、源头村、铁场村、凹后村、青山村 5 个村被评为美丽乡村。

浪漫铁场展新姿

铁场村位于山下乡东南面，距乡政府 5 千米。昔为炼铁场，并作为炼铁中心，后建村，因名铁场村。有情人谷，一峡三谷六曲九瀑组成，就像

情人谷景区（刘德祥／摄）

82

一面古铜镜,静静地依偎在山下的臂弯里。走进蜿蜒数里的峡谷,涧水清澈见底,两岸奇花异树,美不胜收。2014 年,铁场村按照福建省乡村旅游特色村建设与服务规范的相关要求,结合当地一些特色旅游资源,因地制宜,精心制定和谋划乡村旅游项目。经过数年建设,景区已初具规模。以情人谷、逍遥谷、龙峡飞瀑和千亩荷塘等景点为依托,与福建龙潭峡谷旅游开发有限公司合力在主景区内建起了标准化的游客服务中心、旅游环保公厕和大型生态停车场;在村庄内修建了环保公厕和小型停车场,引导村民自办农家乐民宿旅馆,把民宿进行升级改造,民宿内能够提供住宿、餐饮、休息、娱乐等功能。引导村民大量种植高产莲子、种四季水果、养殖当地特色稻花鱼和仙子田螺。

谷中大小景点错落有效。登上情人谷的至高点。一方清水寒潭,一群怪石从水中突兀而出,潭中游弋的鱼儿自由自在,四周灌木环合,林中鸟儿争相啼鸣好不快活。坐潭边,光脚浸入潭水中,一股清凉蹿行而上,将

航拍情人谷(柳良金/摄)

夏日暑气消除殆尽，此时恨不得跳入潭中来个清凉通透。游客可独自泛"舟"水面，尽情享受山光水色给人带来的闲适；也可以与心仪的对象戏水潭中，一起荡起手中的桨齐心协力方可进退自如。

溯溪而上就到了龙峡飞瀑，瀑布对面建有一座观景台，站在台上，瀑布全景尽收眼底。水流源头处瀑布如一根巨大的银链镶嵌在石壁上，潺潺的流水随着山势俯冲而下，砸落在石壁上和深潭中，腾起蒙蒙水雾，在阳光照射下熠熠生辉，一片浪漫景象。谷内曲径通幽，谷中竹房内设模牌桌，供游客休闲娱乐，坐在阳光竹房内，观室外瀑布穿山越谷。借得东风三百里，一夜催来满城春。为提升情人谷品质，打造生态旅游品牌，景区新增情泉寨拓展乐园悦心家庭农场，让景区旅游项目多元化。

情人谷既有悬崖峭壁，又见奇岩怪石，或聚或散，分布自然，无不透着峻险之美，构成一幅天然山石画卷，让人遐想，令人陶醉。这里是远离城市喧嚣，欣赏自然风光，回归原始爱情的好去处。那些山之经典、水之流韵正在经年累月地等待着游客共品。

源头活水生态美

源头村属福建浦城山下乡，在乡南部，距乡政府驻地 4.4 千米。东至铁坑村，西北至王柏村，南至石陂镇。源头村原名黄地源头，黄氏建村于小河流的源头，因名。后因村中黄氏逐渐减少，简称源头。源头村源头河发源于源头村里炉自然村，流经源头、竹后、郭下至王口汇入山下河。长 4 千米，平均河宽 10 米。是市级

鸟瞰百米飞龙瀑布情深深

美丽乡村。

　　源头村村庄依山而建，村民傍水而居。里炉自然村富有古韵，村口有一片古树林，树龄最大的一棵苦槠树有300多岁，另一株樟树树围达三人合抱。还有红枫、银杏形态各异，有的伸出虬曲的长臂，有的舒展其粗壮的雄姿。

　　2014年，源头村通过积极争取，得到省、市、县各级党委、政府及相关部门大力支持，建设"闽江源头，福源之地"生态旅游建设项目，进行基础设施建设，改善群众的生产条件和生活条

农事风情体验园（柳良金／摄）

源头村飞龙瀑布和民宿云水居（柳良金／摄）

件，新建和改造自然村公路、环村公路3380米，新建廊桥、交通桥梁4座，重建源头到沙段水渠1500米，清理郭下至源头河道2000米，在河道建成景观石坝6处。新建垃圾池8个，利用原村小学的校舍改建多功能农村幸福院，开挖一个集排污、净化、养殖于一体的新型清水鱼塘5亩，清理和建成源头下村至上村河道石路，改建六角亭一个。在村主干道、周边山头、空闲地种植各类树木7000余株。精美别致的小墅所，房前屋后栽种凌霄、月季、美人蕉等花草，置身于蓝天白云之下。环村道路宽敞而整洁，一条山泉汇成的溪流穿村而过。廊桥横跨溪面上的景观坝，赏心悦目。将清理

河道、保护鱼类、修整溪岸、村庄保洁，写进村规民约。全村实现硬化、绿化、亮化、美化，营造了优美的生态环境，一幅优美乡村画卷展现面前。

源头村结合美丽乡村建设，培植开发生态旅游产业。开展省级重点竹业开发工作，创建竹示范片 1000 亩，开通竹山机耕 2 千米，修建蓄水池 4 个。实行竹山施肥，增加竹林的出笋率。利用盛产白玉笋的优势，进一步提高质量，生产"贵妃白玉笋"。发展特色农业，种植茶叶 1200 亩，挖掘鱼塘 5 亩，养殖鲤鱼、鲫鱼和稻萍鱼。

更使人神往的是坪坑山瀑布群。瀑布群养在深山中，延绵 5 千米，有 10 多个瀑布群，最大的瀑布高 100 米。上山走百余米，就可见到"西子出浴"的深潭，清澈的潭水倒映着两岸美景。岸边有小竹筏可供游人与水近距离接触，水中有小鱼游，细长的瀑布从山涧缓缓落入潭中。再往上走，路越陡，

景越美。又一番境界，人仿若置身于仙境。山林茂密，阳光从空隙射入，地上树影斑驳，小溪流水潺潺，大大小小瀑布一个接着一个，溪流中分布着奇形怪状的小石头。这里有一个传说。古时候山上住着一只雄鹰，修炼成精后，到处乱飞，飞到哪里水就漫到哪，导致村民成天遭受水灾，苦不堪言。有天它飞到这里。山对面住着一位名叫丁老仙的仙人，为消除雄鹰的祸害，施法将雄鹰的翅膀剪去一半，从此，村民再也没有遭受过水灾。因此，山下只留下许多溪流及洪水冲下来的怪石。

源头飞瀑（刘德祥／摄）

金银山下

在这里抬头眺望，最神奇的飞龙瀑布展现在眼帘。水流从 150 多米处若一长龙飞泻下来，场面极壮观，磅礴。遇到略为倾斜的悬壁上岩山，层层跌落，水沫飞溅，如万斛明珠。这里又有一个传说。说的是此处曾有一条鲤鱼从飞龙瀑布一跃而上，被瀑布上面的景色所迷，待在那里不走。所以在飞龙瀑布上方有一个鲤鱼潭。

上山的道路越来越崎岖，但游人都会情不自禁地攀爬到山顶。穿过茂密的树林，跨过湿滑的小溪，到达鲤鱼潭，果不虚之行。一块肖似鲤鱼的岩石，卧在岸边，四周青山环绕，环境幽雅，空气中还带着丝丝绿竹香味的清凉，难怪鲤鱼舍不得离去。此处的景致还有卧龙石、虎啸岩等。飞龙瀑布景区，现已修建了 1.5 千米的盘山栈道，还建有造型别致的凉亭和观景台等。

源头村，经过数年的精心打造，一个集闽江源头休闲中心、四季花谷、中药百草园、瀑布体验区、古茶风情区、农事风情体验区为一体的 AAA 级景区初具雏形。

精品小溪新村

小溪村位于福建省浦城县山下乡乡政府南面，距县城约 38 千米。全村共有 9 个村民小组，原 11 个位于高寒偏远地区的自然村（里龙井头、外龙井头、水源寺、岩弄、横栏、碓子坑、山头仔、毛厝、沈厝、游墩、廊前），经过 10 多年的努力，整合为一个中心村（小溪新村）和 2 个自然村（水源寺、游墩自然村）。

小溪村旧村部海拔 670 多米，进村道路蜿蜒崎岖，地无三尺平，民房皆散落在梯田上，公共配套设施严重滞后，村民生产生活条件较为恶劣。

2004 年，小溪村两委抢抓政策机遇，开始实施"造福工程"。居住条件恶劣的龙井头自然村最早搬迁，在距乡政府 1.5 千米的水源寺附近建起了新村。统一规划的住房分列在笔直的水泥街道两旁，50 户村民在此安居乐业。

2008 年，有 20 多户村民迁居到乡政府所在地山下街。这一年，村两委反复讨论后决定，计划用五年时间将剩下大部分村民迁居到乡政府所在地南面。

2009 年，征地工作启动，村两委干部采取"先租后付款"方式，由村主干担保，带头筹款。

2010 年 6 月，闽北遭遇特大洪灾，7 月，小溪新村被列为南平市灾后重建与中心村建设点。村委会紧紧抓住灾后重建和"造福工程"的机遇，向上争取到百户以上地质灾害安置点重建补贴 120 万元，以及桥梁建设、防洪堤和农民公园建设等项目资金 1100 万元，大力打造小溪新村。2011 年，小溪村村部办公场所搬至小溪新村。

至 2015 年，小溪一期建设征地 50 余亩，建房 161 座。水、电、路、通信等基础设施覆盖率达 100 %。通往原村部小溪长 5.5 千米宽 4.5 米，通往水源寺新村 1.5 千米及油墩自然村公路全部硬化；新村内农民公园、健身场所投入使用；小溪亮化工程已完成。

2016 年，小溪新村二期建设，征地 60 余亩，建房 162 座。2017 年，以精准扶贫项目为契机建设造福楼，新建 30 套贫困户安置房、6 套五保户安置房。

小溪新村

2020 年，小溪新村共建住房 323 座，搬迁入住 292 户，总建设面积 52800 平方米。

小溪新村有 2 条主街，安装景观灯，两排粉墙蓝顶的 163 座新楼房，在青山绿水映衬下分外气派。房前屋后花草掩映，宛如城市花园小区。对自来水、电网进行改造。乡村房美、路美、山美、水美，更重要的是要让村民心里美，有幸福感。投资新建农民公园一座，建有塑胶灯光篮球场、体育健身场所、文化读书室。对河道进行整治，建全长 1300 多米的防洪堤，溪中用石头砌成梯级河坝，并投入鲤鱼。修建 600 多米的沿河步游道、建江滨公园、水冲式公厕。

小溪村在郁郁葱葱的群山环抱中，有林地面积 18000 多亩，人均 17.4 亩，森林覆盖率 93%。小溪村水源寺有片细柄阿丁枫（奶香树、水莲香、细柄薹树）古树群，有树龄百年以上的水莲香树 50 余株，平均树高 30 米，胸径最小的 0.7 米，最大胸径 1.35 米，树龄 500 余年。走进村地，凉风习习，泉水叮咚，清澈见底，无不给人带来回归自然的感觉。

小溪村成立社区服务中心。将新村居民分为七个区，每个区设一名中心户长，在中心户长家设立村民议事点，广泛征求村民意见，制定《卫生管理制度》等村规民约，与每一户村民签订《美丽乡村建设承诺书》，并设 100 多个垃圾桶，保洁员定时收集垃圾并送垃圾处理场焚烧处理。

新村立得住，要有产业撑。有了好的生活环境，还要使村民有更多的发展机会，提高生活品质。村两委带领村民旅游开发为契机，积极创建四星级美丽乡村。小溪村有毛竹山 11800 亩，人均 11.4 亩，这是不可多得的农林资源和旅游资源。请福建农林大学旅游学院进行高规格的规划设计，形成以"竹海风情游"为主题的生态旅游业和以"游天然氧吧、赏自然美景、品绿色美食"为主题的农家乐产业。

立足生态竹业，提高农民收入，成立毛竹专业合作社、毛竹种养协会，创建科普示范村，请专家和技术人员开设培训讲座，现场指导，推广科学育竹。提升传统的白、黑、咸、香辣等风味各异的笋干制品的制作工艺和产品质量，使之更加畅销。发展林下经济与美丽乡村有机结合，鼓励村民林下套种金钱线等中药材。通过老村改造，旧宅基地种红豆杉、罗汉松等经济林木。多点开花，达到村集体增财，村民增收的目的。

按照规划，小溪村依托山、水、林、田园、村庄等要素，全面整合旅游资源，打造"望得见秀丽山水、听得见虫鸣鸟叫、尝得到特色美食、记得住乡村味道"的宜人乡村环境，以竹业开发为支撑，多元产品为拓展，辐射带动旅游项目。按照"一心一带三园"的发展框架，对乡村旅游进行建设，即一个旅游服务中心，一条青翠葱郁延绵竹林带，三大特色乡村旅游风情园（高山隐地乡村欢乐园、古韵木香老树园、燕子岩红色文化教育园），并从"食、住、行、游、购、娱、教"要素进行专项策划，形成点线面串联、动静结合的集乡村休闲、高山避暑、农事体验、红色教育为一体的乡村旅游特色村。

现在小溪村被评为全国文明村、国家级生态村、市四星级美丽乡村、县美丽乡村十佳村，擦亮了全县美丽乡村示范村的"名片"。

军地共建凹后村

凹头村属福建省浦城县山下乡，在山下乡东北部。距县城32千米，距乡驻地9千米。东至武夷山市，西至水门村，南至铁场村，北至青山村。村在山凹的背向，因名凹后。村在大山腹地，周围大山环绕，中间地势平坦，是"浦城山下小平原"。山下溪穿村而过。村由前洋、凹后、洋村三个自然村组成，全村面积11.7平方千米，耕地面积1729亩，林地面积14000亩。二级公路县道867经此。2018年，入选福建省住建厅美丽乡村"千村整治省级补助村"，同时入选美丽乡村百村示范村重点建设村，乡村振兴"三位一体"的示范村。

2018年9月，东部战区海军坚决贯彻落实习近平总书记和中央军委重要决策的指示，带着人民海军对浦城老区人民的深情厚谊，在福建省人社厅和县、乡党委、政府的积极对接下，战区海军和凹后村确立了结对帮扶关系，凹后村从而获得了跨越山海的帮扶机会。

东部战区海军结合凹后村实际，科学确定帮扶重点，制定一整套帮扶方案。帮扶方案充分发挥了军队优势，既有整村推进，又有帮扶到人；既注重物质文明，又注重提升精神文明，扶贫与扶志、扶智并重；既有输血、又有产业帮扶的造血功能培养。东部战区帮助凹后23项建设涉及资金704万元，浦城县政府配套资金90万元。

凹后前洋（刘德祥/摄）

现在凹后村，到处可见芬芳的"双拥"花朵。在村口处的"鱼水情"拥军园内，一条"拥军路"和一条"爱民路"自西向东延伸，在名为"启航"的国防教育雕塑前汇合。前洋自然村道路从3米拓宽到6米，当地村民自行拆除闲置的猪圈、旱厕等1000多平方米。在凹后自然村，建起千年古樟树公园，引进活水，种起水草，养起小鱼。这里原是一堆堆陈年垃圾，在浦城启动城乡人居环境整治攻坚后，村里的党员干部和前洋自然村的村民一起动手，把这里的陈

凹后村（刘德祥/摄）

年垃圾清理了，并按村民意愿在这里建起了公园。

2019年"7·9"洪灾，凹后村的道路和防洪设施受损严重。东部战区海军某部和驻闽某基地得知后，心系灾区群众，第一时间到浦城慰问，定向捐助50万元，用于凹后村修复水毁工程，恢复灾后生产。2020年，凹后防洪护岸工程、里源溪水修复工程、沿河慢道及绿化带建设工程、停车场建设都竣工。这些工程，不仅护村，而且使水更清、村更美。

凹后村国防教育广场、连心桥、村民活动中心、拥军园等基础设施中，都融入国防元素、海军文化元素，充分展示着军民鱼水情深。在村民活动中心，一副写着"闽北闽水东风润雨情义重；爱党爱民南浦思泽物华新"的对联，就是"军爱民、民拥军"在凹后的真实写照。

东部战区海军在凹后村帮扶既"输血"又"造血"，既扶贫又扶智。在东部战区海军帮扶项目中有支持村集体建设300亩水稻、200亩油茶；支持凹后村2.5千米机耕道建设；帮助建设特色竹笋、油茶加工厂；安排医疗队进村入户，开展医疗扶贫、医药下乡；对因病致贫困户进行医疗救助；利用部队厨师、汽车修理等资源优势，根据村民需要进行职业技能培训；开展"送戏下乡"慰问演出，赠送文体器材、书籍；修缮村级公共服务中心，作为村文化活动中心；帮助建造前洋自然村文化活动室；15支

凹后连心村（刘德祥／摄）

队党委与凹后村党支部开展"互学、互帮、互促"共建活动。

2018年，村人均可支配收入13416元，村财政收入5.1万元。2019年，凹后村实现财政收入21.19万元，村民人均可支配收入15100元，其中，贫困户人均收入8985.42元，超过国定、省定贫困线和低保线6456元，贫困户均已脱贫。2019年底，经县扶贫办验收，凹后村顺利摘掉贫困村的帽子。

第二节　古树名木

小肖村水源寺有一片 50 余株百年以上的水莲香树，平均树高 30 米以上，平均胸径 70 厘米以上，单株最大胸径 135 厘米，面积 10 亩。因材质有香味，以此得名。2010 年，被定为省级名木保护群。2017 年，进行名木古树普查，全乡建档名木古树 197 株。2018 年，围绕福建农林大学旅游学院社会实践基地项目，筹措资金 100 万元打造乡村旅游水莲香古树群景区，建有古树亭，修复林间古道，建有小桥。

青山村古树（刘德祥／摄）

山下树龄 500 年以上的古树名木还有：

青山村有香樟 1 株，树龄 700 年，冠幅 26 米，树高 20 米，胸围 830 厘米。

青山村管厝自然村香樟 1 株，树高 30 米，树围 875 厘米，胸径 2.9 米，材积 46.9 立方米。

凹后村香樟 1 株，树龄 700 年，冠幅 13 米，树高 16 米，胸围 595 厘米。

山下村石栎 1 株，树龄 500 年，冠幅 12 米，树高 16 米，胸围 495 厘米。

铁场村百年古树群

水源寺古树群

凹后村古树群（刘德祥／摄）

第三节　古代交通遗址

出境古道

山下乡东至临江镇，东南至石陂镇，西南至武夷山市，西至枫溪乡，北至永兴乡，与相邻的乡镇和武夷山市均有古道相通，主要有3条。

山下至岚谷：

山下—黄赤岭

铁场—葡萄元
　水门桥头—雷公桥—官岭下—官岭凹—水坑—新桥头—黄坛—渭水—武夷山市岚谷—江西

新中国成立前很多外运的顺太纸都经过此道，制作顺太纸的石灰也全经此道挑来。此道被人们称为与江西贸易往来的"丝绸之路"，境内长22.5千米，全长32.5千米，至今为人们串村的必经之道。

古道（刘德祥／摄）

山下至吴屯：

山下—花桥—小溪—箭竹凹—胡推—武夷山市吴屯。境内长 15 千米。全长 30 千米。从山下至胡推公路开通后，货流量减少，道上行人稀少。

山下至浦城：

山下—王口—铁场—洋村—凹后—前洋—白鸽岩—临江至浦城。境内长 22.5 千米，全长 42.5 千米。此道随临江至山下公路开通大部分消除，境内凹后、铁场还保存有部分古道。

乡村古道

在公路开通前，人货均以乡村小道通行。至今还保存有 3 条主要古道：

山下—源头。从横街子起程，往廊前路经桥头，王柏进源头。

山下—杜畲。从山下花桥起程，经王墩、毛厝、五基凹、三丘田、枫溪、福录达杜畲。

山下—岱后。从山下至吴屯古道的庵坛凉亭往右经池家，而达岱后。

古桥梁

花桥　地处山下乡王墩村外水口，始建于明朝，约为宽 3.7 米、长 11 米，石砌单孔拱桥，清初加宽 1.87 米，桥头北侧建庙宇，锁住东西交通。道上行人来往必经东侧大门，庙内设有五谷王，母祖师、顺天圣母等 10 尊佛像。民国四年（1915）失火焚毁，民国六年（1917）重建。桥上柱子，刻镀金对联，由王墩李某所题书，用以描述山下自然风光。题曰：

上下远眺五缺岭，虹气上凌箭竹凹。

往来人度出水亭，岸隔黄墩钟岭岗。

水光遥接炉灰圳，栏外平看山下街。

波间流来水源寺，源流山下水尾村。

建筑及装饰方面具有独到特色，为山下最出名的桥。

1966 年"文化大革命"中，佛像被毁。1975 年开水源寺公路时，桥屋被拆。在原 5.57 米宽的老石拱桥上又加宽 3.9 米，总长 9.47 米，为山下境内最宽的桥。1979 年以来，常有人在桥上烧香。1987 年又加宽 2 米。

水门雷公桥

雷公桥　在水门。

拱瑞桥　在隍山寺。清同治二年（1863），里人刘邦勋、周承江等倡捐鼎建。今毁。

蟒岭桥　在蟒岭下峡尾西。明宣德十年（1435），僧虚中建。

铁场桥　在铁场。光绪十八年（1892），里人余遇贤、王如新等倡捐重修。

竹后桥　在源头。

奶娘桥　在大铁坑。

山下横街仔桥　原为古桥，重建于1964年冬，桥上建凉亭。共13对柱子，两边设人坐木板，长20米、宽4.8米，河床至桥面高3.8米，桥

王柏蟒岭桥（刘德祥／摄）

面至屋梁 5.2 米，是行人通往中学和王柏方向的要道。特别是夏季炎热季节，人们到此闲游乘凉，一到墟期此桥更是热闹，两边摆满贸易摊点。是笋干交易的主要场所，通常被人们称为"贸易桥""笋干桥"。

凉 亭

凉亭是步涉道路上行人小憩、避雨的地方，山下乡古道和各自然村相连的小道上几乎连有瓦盖凉亭。

衢溪桥

山下廊桥（柳志勇／摄）

山下乡凉亭分布表

（除注外，均为土木结构）

亭　名	地处村道	新（重）建年代	备　注
坑角亭	（在黄墩村） 山下——枫溪第一亭	20世纪60年代 重建	拱石桥亭木结构
泥桥亭	山下——枫溪第二亭	20世纪70年代 重建	
石垒亭	山下——枫溪第三亭	民　国	废于20世纪70年代
五基凹尾亭	山下——枫溪第四亭	1984年新建	已　废
三丘田亭	山下——枫溪第五亭	建于20世纪 50年代	
枫溪凹亭	山下——枫溪第六亭	民　国	
水门桥亭	山下——水门第二亭	20世纪70年代 重建	亭　桥
官岭尾亭	山下——黄坛第一亭	民　国	
官岭凹亭	山下——黄坛第二亭	民　国	
花桥亭	山下——胡推第一亭	清	桥庙亭，20世纪70 年代废、木结构
钟岭亭	山下——胡推第二亭	20世纪50年代	
小溪垄亭	山下——胡推第三亭	20世纪50年代	
小溪水口亭	山下——胡推第四亭	20世纪80年代初	社公亭
小溪后门岭亭	山下——胡推第五亭	民　国	20世纪70年代末废
半岭亭	山下——胡推第六亭		
箭竹凹亭	山下——胡推第七亭	清	庙亭、石木
庵坛亭	山下——胡推第八亭	1976年	
长岭下亭	王柏——狮子洋第一 亭	20世纪50年代 重建	

亭　名	地处村道	新（重）建年代	备　注
溪谷岭头亭	王柏——狮子洋第二亭	1983 年重建	
溪谷岭尾亭	王柏——狮子洋第三亭	1983 年重建	
金鸡岭凹亭	山下——郭下途中	民　国	
三十六峰亭	王柏——山后	民　国	
凹缺亭	南溪——苦竹头	建于 1983 年	
大垄头亭	山下——沈厝途中	民　国	
出水亭	山下——王口途中	清	通公路后废
坪地庵亭	青山——将军山	清	1947 年废
葛藤岭亭	青山——永兴	清	1954 年废
拱桥头	青山——洪元	清	
木岭亭	山下——临江方向	清	1959 年废
坝栋头亭	凹后——临江途中	清	1959 年废
龙井头亭	山下——龙井头途中	民国后期	
水坑亭	山下——石陂途中第一亭	清	1980 年废
洋岭亭	山下——石陂途中第二亭	清	
苦槠林亭	山下——石陂途中第三亭	清	1983 年废
卜开岭亭	山下——石陂途中第四亭	1969 年重修	
赤岭田亭	山下——石陂途中第五亭	民　国	
五里渠亭	山下——石陂途中第六亭	清	

猪马亭（刘德祥／摄）

  猪马亭 位于浦城县西南部，在山下乡山下村富处自然村通往山下村道路上。昔每年清明节前村民要赶猪、马到此亭宰杀，以祈平安，故名。建于清光绪三十三年（1907），沿用至今。单层两坡顶，高度为 3.6 米。建筑结构为木结构。建筑特征古建筑。

  黄赤岭亭 位于浦城县西南部，在山下乡水门通往早丘村乡道上。亭两侧的山名为黄赤岭，故名。民国元年（1912）建，1969 年重修。单层两坡顶，主体高度为 4 米。土木结构。建筑特征古建筑。供村民歇息。有水门道路通于此。

  磊山碓亭 位于浦城县西南部，在山下乡源头至竹后村便道上。村田坂中磊堆小山，并在此建亭，故名。民国元年（1912）建，2001 年修缮。单层两坡顶，主体高度为 5.8 米。建筑结构为木结构，建筑特征为古建筑。供路人歇息。有源头便道通于此。

第四节　文物古迹

聚落地（新石器至西周）

山下乡凹后村狗马形，为新石器晚期聚落址。

山下乡青山村管厝后门山、溪洲后门山 2 处为商代聚落址。

山下乡青山村横排山，为西周聚落址。

古窑址

在山下乡所在地廊前村。1982 年小溪村民在山坡上建房掘土。发现古砖瓦窑痕迹，具体是何年代无考。

古冶炼址

在铁场里场村背后山坡有一石洞。洞口呈圆形，洞前有约 30 平方米平地，洞深 100 米以上，以古代人在此冶炼而得名。此洞为古冶炼采矿遗址。

古墓葬

山下村花桥油墩山。1986 年，黄墩村一村民建房掘土挖宅基，挖出两棺古墓，墓内以方砖拱建二层，在墓洞里挖到白底蓝花"龙凤"瓷瓶一对，铜镜一面，具体何年入葬无考。据查访此处为古墓堆，还有两棺地下古墓未被挖。

1987 年，铁场村里场一村民在木墀树下挖建房宅基时挖到一古墓，有四个上遗留下来的白色瓶和一块石制墓碑，碑高 65 厘米、宽 59 厘米、厚 2 厘米。其墓主为余廷珊，字志惠，号南溪，为处士。

墓志铭由赐进士第兵部侍郎兼都御史陈省撰文，赐进士第兵部武库司郎中眷生仰峰周凤歧篆盖，邑庠生眷晚生亚云吴人杰书。

寺　庙

花桥庙　在山下村王墩水口。明朝始建，建在拱桥上。清初加宽 1.87 米，建桥亭和庙宇，总建筑面积达 400 余平方米。桥上柱、梁雕龙画凤，

山下村花桥庙（刘德祥／摄）

五色斑斓，故名"异花仙桥"，人们贯称"花桥"。庙宇紧连桥北头而建，设东、南、西三门，东门出山下，南门经桥亭上箭竹凹，西门往五基凹。庙内设九尊佛像，有斋公一名。庙产有田2.4亩，山50亩，每年规定两个香会，农历三月初三为"子息"香会，五月廿五为"五谷王"香会，逢会颇热闹。民国四年（1915）失火焚毁。1917年重新修复。1956年庙内佛像被毁。"文化大革命"中庙房拆为他用。1975年拆桥亭，并把拱桥加宽，改公路桥。

天后宫　位于山下村。建于光绪二十六年（1890），称为"福建会馆"，建筑样式根据福州绘图建造，建筑雄伟壮观，总面积达300余平方米。设前、后厅，后厅塑有"奶娘""妈祖娘""关公"三尊佛像，前厅可容纳600余人。拥有4亩田、3间店面的资产，请斋公一名。农历三月廿三为香会，会期有10家头首办会，会前一天晚上开始演戏。一直演到四月初二、三日止。新中国成立后，区、社机关设此办公，1976年始拆改为公社家属房。

天王庙　在浦城县山下乡山下村山下街100号。坐北朝南，面阔11米，进深18.5米，高6.56米，面积203.5平方米。中轴线上依次分布为大门、

戏台、天井和后殿，两侧为
厢房，土木结构，悬山顶，
后殿面阔3间，进深5柱。
供奉华光天王，左右两侧为
十八罗汉。2014年10月
和2016年10月均有维修。
1928年10月15日，新兴
七和崇安小北民众会袭击山
下民团，曾在此驻扎。

山下村天王庙

　　岗后庵　位于铁场汀元
村背后里处。始建于明朝，民国末期毁，1953年重建。1964年拆。1984
年又重建。农历九月初一为香会。

　　铁场庙　位于铁场村。始建于宋朝，土木结构，建筑面积120平方米，
庙产田6庙，请斋公一名。农历六月初一为香会（公婆香）。

　　铁龙寺　位于山下乡东南部，山下乡政府驻地东南10千米。在铁坑村，
遂名铁龙寺。始建于元代，1988年重修。东至农田，西至岩子岩，南至
乡间公路，北至农田。占地面积600平方米。供奉华光天王。有铁坑村
乡间公路通于此。

　　吕山岩庵　位于铁坑吕山岩。始建清朝。香会为农历七月初一日。

　　张寿寺　位于凹后村。始建元朝，据传张寿寺原属吴姓房屋，后被和
尚争占而改寺，香会为农历六月十九日。

　　洋村庵　位于凹后村洋村，始
建于清嘉庆年间，香会为农历二月
十九日。

　　洪元庵　座于青山村洪元，始
建于宋朝。

　　管厝东平王庙　位于青山管厝
村，始建于清光绪年间，民国末期
焚毁。

铁坑村庙

老佛堂　位于山下村王口，始建于明朝初期，土木结构，建筑面积200余平方米，香会为农历六月六日，1976年拆除开辟橘园。

政西庙　位于源头村郭下，始建于清光绪三年（1877），土木结构，建筑面积200平方米，庙产有田5亩，和尚一名，庙会为农历七月初七，1953年佛像被毁，1975年改建为村部和学校。

兴隆庵　位于水门村官岭下，始建明朝。1966年佛像全毁，1977年庵房被水门大队拆去建猪场。

际岭庵　位于王柏村南溪水口外（今王柏村部处）。始建于元朝，土木结构，建筑面积350平方米。设前、中、后三厅，斋公一名。庵产有田6亩，山20亩，农历二月十九日为香会，每年逢会极其热闹。佛像于1950年被毁，1965年庵房拆改建为学校。

至今，各村举办的斋会有：

铁场龙王庙，每年农历八月十八日举办闹龙会，办千人宴。铁场善缘寺，每年农历六月初六日，举办求姻缘香会。山下村，每年农历三月初三、五月二十五日举办庙会。凹后村，每年农历六月十九日举办庙会。水门村，每年农历三月初三举办庙会。源头村，每年农历七月十五举办庙会。

第五章

烽火岁月　红色印记

第一节　歼灭山下民团，首次获得洋武器

1928年1月8日，中共中央致信福建临委，指出要"发动一个暴动"。中共崇安县委遵照中央和福建临委的指示，1928年6月，中共崇安县委在北乡黄龙岩召开第一次武装暴动准备会议。可是由于北乡的安少亮动摇，县委又在高洋召开第二次会议，决定加强党在浦城新兴七和崇安小北方面的力量，暴动中心转移到崇浦边区一带。9月28日9时许，在崇安上梅首先举行暴动，捣毁了日本牛焕书的上梅松木厂，逮捕了劣绅陈光盛。10月1日，中共崇安县委在上梅召开4000余人的暴动大会，浦城新兴七有500多民众队员参加。以上梅为中心的暴动区，几天内很快就波及崇安、浦城两地508个村庄。

这次暴动史称"崇浦暴动"，这是闽北党组织发动与领导的闽北第一次大规模的农民武装暴动，也是中国革命史上较早的一次有计划、有纲领、有组织、有准备的暴动。

当时，暴动部队使用的都是鸟枪土炮、长矛短刀，很盼望能有洋枪。

1928年10月初，浦城岱后支部书记王德有第二个儿子结婚，崇安县县

红军奇袭山下民团旧址

委书记徐履峻及陈耿、周子庄、祝维恒、左诗赞等几位主要领导人以赴宴祝贺名义到岱后，召开秘密军事会议。会议认为，上梅暴动后，要加强武装力量，扩大起义区域，没有正规武器，仅仅是土武器不行，一方面要发动民众队员自己制造武器，另一方面要从敌人手中夺取武器。当时崇浦边界只有浦城山下民团，有步枪 10 支，战斗力又不很强，离暴动区域很近。而且，山下地处箭竹凹（海拔 1372 米）的山下，攻时易攻，退时易守，地形有利。会议决定把这个钉子拔掉，并研究了袭击方案。第二天几位领导分头到各村组织民众队，作好袭击山下民团的准备。山下民团当时驻扎在山下江西会馆。江西会馆在今山下乡山下村 36 号。此会馆坐东北朝西南，面阔 7.9 米，进深 25.5 米，面积 201.5 平方米，南北两侧山墙用条石和毛石砌筑，地面用青砖铺砌。10 月 15 日，新兴七和崇安小北共召集 1000 余人，各人扛着土枪，抬着土炮，于当晚到山下村外。民众队进入山下后，

驻扎在山下天王庙。天王庙在今山下乡山下村山下街 100 号，坐北朝南，面阔 11 米，进深 18.5 米，高 6.56 米，面积 203.5 平方米。中轴线上依次分布为大门、戏台、天井和后殿，两侧为厢房，土木结构，悬山顶，后殿面阔 3 间，进深 5 柱，额枋跨空减金柱。供奉华光天王，左右两侧为十八罗汉。拂晓前，由詹洪元、詹喜圭带百余人到王柏山下抓土豪李季常，其他人由左诗赞、王德有率领围攻山下村民团住所，先用土炮轰击，毙、

红军宿营地旧址（山下天王寺）

伤民团各 1 人，其余民团兵退到屋内抵抗。队员烧毁其大门，民团失去掩蔽体，无法抵抗，只好举手投降。一个班的民团，全部俘虏。这次战斗获步枪 10 支。队员们带着胜利喜悦，返回池家，在池际仙庵开庆功会，徐履峻在会上总结战争经验和意义。这次战斗是闽北共产党领导的武装首次获得正规武器（称洋武器），这一胜利打击了反动派，振奋了革命群众的斗志。池家，今属枫溪乡。池际仙庵，原名兴隆仙庵，在池家村北面约200 米，清代建，由大门、天井、大殿、厢房等组成，面积 280 平方米，土木结构。

第二节　燕子岩会议，决定举行第二次崇浦暴动

第一次崇浦暴动后，震惊崇安、浦城和闽北反动当局，反动当局组织力量大举进攻设在崇安后坜的民众局机关。1928 年 10 月 31 日凌晨，反动土豪带领军队、民团偷袭民众局机关，徐履峻牺牲。

徐履峻牺牲后，敌人破坏了民众局机关。民众局领导成员和几位骨干也都相继被捕。在反动当局的强攻下，县委和民众局一时失去坚强的指挥中枢，第一次崇浦暴动失败。

第一次崇浦暴动，是党在大革命失败后领导的一系列暴动的一个组成部分，虽然只经过 30 天，但这一大胆而勇敢的尝试，影响至大，意义深远，

燕子岩

它打响了闽北人民反抗国民党反动派的第一枪，显示了闽北人民敢于在国民党白色恐怖包围中进行武装夺取政权的决心和力量。它所开辟的武装割据局面，为创建革命根据地积累了经验。

第一次崇浦暴动受挫后，一部分民众队员动摇退缩。外逃的地主、劣绅纷纷返回乡间，进行反攻倒算，反动气焰一度十分嚣张。在此紧急关头，1928年11月28日，《中共中央致福建省委指示信》中，对崇浦暴动后的斗争任务作了重要指示："一、积极恢复党的组织，健全支部；二、继续领导群众进行革命斗争；三、积极宣传党的土地政策，并且与当地农民的实际要求密切结合起来；四、揭露反革命分子勾结豪绅的罪恶；五、积极扩大组织。"中共福建省委根据上述精神，发出《告崇安同志书》，并派省委候补委员、福州市委书记杨峻德到闽北重建崇安县委，领导工农运动。杨峻德根据省委指示，主持召开崇安县委会议，研究并部署崇安县委工作，并确定陈耿继任县委书记。12月15日，在燕子岩村召开各乡党员代表会。地处山下、枫溪乡交界处的燕子岩，相传古时每年有种似燕子的鸟在此筑巢，故名燕子岩。位于箭竹凹南侧峰顶，西距枫溪乡3千米，东距山下乡小溪村6千米，海拔1447.3米。岩顶高20米，宽30米，背后山顶有一倾斜坪地，面积约400平方米。会议总结第一次暴动失败的原因和教训，同时，广泛发动群众，推广党的土地政策，迅速和发展党的组织，健全民众会的决策。会议确定各地要建立脱产民众队、专职武装的任务，并制定了再次暴动的计划。这专职武装的民众队，是工农红军成立的基础。1929年4月下旬整编为红军。

燕子岩会议以后，杨峻德到达浦城池家村，召开崇浦边区民众代表会议，在起义农民中挑选一批思想进步、斗争坚决、身体强壮的骨干，组成脱产武装民众队。新兴七组建的井煌坑脱产民众队，被编为崇浦边区第一队，队长詹洪元，有40多人，枪10余支，驻扎在井煌坑山上。

同时，还在浦城成立中共小北区委，机关设在池家池际仙庵，书记袁全昌。同时成立小北区农民委员会，办公地点也在池际仙庵。小北区委管辖浦城新兴七和崇安小北地区。这是设在浦城境内的第一个区级党组织（1930年3月，小北区委迁到岱后改称岱后区委）。

1928 年 12 月 18 日早晨，陈耿率 20 多名民众队员，在下梅街一举捕获反动联首唐锡贯，民众队员戴上早已准备好的红袖章列队进入墟场，押着唐锡贯游街示众，揭开了第二次暴动的序幕。1929 年 1 月 18 日，崇安县民众局重新成立，陈耿在成立大会上号召工农群众团结起来，为自身解放而斗争，为死难烈士报仇。25 日，上梅集合民众万余人，北上攻取首阳村，捕获曾引敌人袭击后圻民众局的反革命分子杨守纪。29 日，崇浦两地革命群众集合到上梅下屯村，举行第二次暴动大会，推选陈耿为民众队总指挥。大会号召工农团结起来，打土豪、分田地、不交租、不交债，建立苏维埃政权，并处决恶霸联首唐锡贯和反动分子杨守纪。会场上群情激奋，口号震天，革命气氛空前高涨。会后，崇浦边区许多地方揭竿而起，亮起暴动的红旗。第二次暴动规模和区域比第一次更为广大，农民暴动的红旗在崇浦两地飘扬。

第三节　中共坪地区委机关迁驻观竹前村

　　1930 年 3 月，杨峻德、王瑞元率领红军五十五团到崇安（今武夷山市）南树下，成立中共建浦区委，隶属于中共崇安县委。4 月，区委机关迁至浦城西坑（今属古楼乡坑口村）。中共建浦城委活动区域包括西坑、祝源、坪地、王柏、山下一带。

　　1931 年 9 月，中共建浦区委升格为中共建浦县委，隶属于中共闽北分区委。中共建浦县委下辖浦城坪区、建阳回潭、崇安大将三个区委。中共坪地（今属枫溪乡黄坛村委会）区委，下辖坪地、祝源、西坑、王柏、山下、佘墩、石陂 7 个支部或党小组。11 月在当地游击队的基础上，组建浦城赤警营，下设 3 个连，浦城坪地地区为第三连。冬，坪地又组建区游击队。

　　1932 年 7 月，中共坪地区委转移到观竹前。观竹前今属山下乡王柏村，西与武夷山市交界。1932 年冬，中共建浦县委改为中共建浦区委。1935年 1 月，建浦苏区失守，党组织遭破坏。

第四节　中共福建省委山下特支及地下交通线

1941年3月，中共福建省委领导曾镜冰、王助为了与外界党组织取得联系，决定建立一条从省委所在地上饶禹溪金竹排村通往建松政的秘密交通线，派已暴露了政治身份的叶独青回到浦城。叶独青与隐蔽的党员叶光明（叶独青兄）、张通明（山下铁坑人）联系，成立中共浦城特别支部。当时叶光明是国民党福建省银行临江仓库的管理员，张通明曾先后是山下、枫溪乡公所的事务员，他俩均以公开职业为掩护，进行秘密活动，很快建立起一条从观前、临江、山下、花家，经崇安到铜钹山省委机关驻地的地下交通线。特支主要通道是山下一带，故又称"山下特支"，指定张通明任书记，叶独青为组织委员，叶光明为宣传委员，直属省委领导，不与地方党组织发生关系。特支建立后，多次带领省委领导曾镜冰、王助、粘文华（省福利总工会主席）顺利通过此交通线，还为省委搜集到国民党顽固派的情报，筹集一部分活动经费，购置一些枪支弹药。直到省委南迁，特支消失。

第五节　中共闽北地委（特委）迁驻铁场坪洋

　　1946 年五六月间，中共闽北特委机关隐蔽在崇安齐白山。为方便同省机关的联系，特委书记王文波计划把特委机关迁到浦城公路沿线的山中，即组织 1 个工作组，由王忠华任组长，宣金堂任副组长，带领特务班战士 4 人，短枪四五支，先到浦城铁坑坪洋村开展工作。坪洋后门山，有两块平地，工作组即驻扎于此。

　　王忠华、宣金堂从齐白山出发，经过浦城石龙山、官岭头、铁场、大铁坑，到坪洋村秘密开展群众工作。工作组采取结拜兄弟、喝鸡血酒的办法，与坪洋、布墩的马玉妹（女）、齐祥懋、马火仔、马木生等人结拜兄弟，并对村中 10 多户穷苦农民做宣传教育工作，建立密切的群众基础。王忠华、宣金堂又将齐祥懋吸收到工作组来，齐祥懋带工作组到祝甲市，向开饭店的乌狗嫂（外号，本名韩启凤）宣传革命思想。乌狗嫂思想开明，即表示愿意帮助工作组做工作。工作组便在她家建立中共闽北特委秘密交通站（在今石陂镇布墩村祝甲市 41-3 号）。此后，省委派人送信给闽北特委，都先到乌狗嫂家中，再由游击队深夜前往接送到特委机关，闽北特委派秘密交通员送信去省委，也由乌狗嫂安排住宿、购买车票。工作组在齐祥懋、乌狗嫂的协助下，还动员临江货郎担徐三仔、祝甲市养路工人陈永涛、雇工张进弟、学生齐祥盛等人参加游击队。

　　在坪洋建立牢固的工作基地后，工作组又向浦建公路沿线两侧农村发展，在大坞排、大湖岭、花桥、板源、后塘、王山仔、江东源一带农村开展工作。先在一些穷苦劳动人民中组织兄弟会，向农民群众进行革命思想教育，进而组织农民协会、儿童团、妇女联合会、共青团和共产党的组织。群众觉悟提高后，积极为工作组探听敌人消息。板源村马玉发，以上山砍柴为名，到大湖岭敌碉堡活动，结识个别士兵，了解到碉堡内人数和武器的情况，即向工作组汇报。

1947年1月，中共闽北特委改为中共闽北地委。三四月间，中共闽北地委书记王文波根据工作组的汇报，召集主要干部开会，认为地委迁浦的条件已成熟，便将地委机关迁至坪洋屋后山中，隐蔽驻扎办公，领导闽北地区党和游击队开展工作。

地委迁到坪洋后，同省委、闽浙边地委的联系加强，祝甲市秘密交通站的任务也相应增多，除接送来往的交通员、省委城工部的同志外，还接交地委机关同志从外地买回的东西。

有一天，宣金堂和罗天喜率部到石壁后羊山止村抓民团团长孙秀奎。游击队查到孙秀奎家中藏有2支步枪、1支驳壳枪，还有很多弹药，家中钱也不少。游击队刚将其房屋包围时，孙闻有动静，即悄悄地带手枪逃跑，并带国民党军1个团的兵力1000多人从大路追击游击队。游击队就抄小路转到北坑山隐蔽，敌军"搜剿"扑空。

由于坪洋屋后山东面五六华里处是大湖岭敌碉堡，西面是国民党布墩乡公所，地委机关长住坪洋屋后山，难免会被敌人特务发现，不够安全。地委书记王文波又派宣金堂带三四人去北坑、峰顶两村做工作。同年六七月间，地委机关从坪洋迁移到北坑村（今属石陂镇梅坑村）的路下拳、上坑两个山上，在浦西南开展革命活动。至10月，地委机关迁到江西上饶封禁山中。

第六章
革命烈士　乡贤才俊

李　光

　　李光（1909—1930），原名李声，山下乡王柏村人。1927年考入县立南浦初级中学，他勤奋好学，初中各科成绩优良，爱好体育，在全县体育运动会上获总分第一。次年夏，福安宸山初级中学教师季永绥回浦城，看到李光的作业，认为大可造就，动员李光转学宸中。1929年在宸中毕业，考入福州鹤龄英华书院。这是一所教会办的学校，收费昂贵，又实行奴化教育，李光当年就离开英华书院，转学福州乌石山师范学校。当时，这所师范学校有中国共产党支部，在共产党的影响、培养下，他参加反帝大同盟、互济会等进步群众组织。他思想激进，对学校中一些思想反动的教员，冠以"老朽"之名，对他们所出的陈旧作文题，在文中予以冷嘲热讽。他每次遇到运木材到福州的浦城木排工人，都向他们作时事宣传。他给家中的信里坦然写道："救国之道，唯有赤化。"1930年初，由叶独青介绍，他加入中国共产党，并任福州互济会常委。李光入党后，一心扑在革命工作上，他对同志诚恳热情，对工作勇于负责，对敌人敢于斗争，对群众善于做宣传鼓动工作，常常工作到深夜。为了有公开组织作掩护，他与叶独青共同发起组织浦城留省同学会，通过同学会，团结教育青年学生。李光常用留省同学会的名义，给同乡寄送进步报刊和共产党的政治主张等宣传品。他对自己的剥削阶级家庭深恶痛绝，时时致函兄妹，讲革命道理。他的父亲死后，大哥当家，就写信给大哥，要他放弃田产去当教员，不要再做剥削者、走土豪劣绅的罪恶道路，并将《唯物史观》《唯物经济学说》等进步书刊寄给兄妹。

　　同年12月11日，是广州武装起义三周年纪念日，中共福州市委发动群众，组织示威游行，李光是这次行动的组织者和领导者之一。他身材高大，声音洪亮，引人注目，但他不顾个人安危，在南大街安泰桥附近散发传单，高呼革命口号。晚上9时左右，他指挥一支队伍围攻、捣毁设在

李光就义地点——福州鸡角弄

吉庇巷的国民党闽侯县党部，亲自摔毁县党部的牌子。当局派出大批军警镇压。李光镇定指挥其他人撤离，自己最后离开。但他已被探警盯住，在丰井营巷不幸被捕，关押在国民党省防军司令部。当局认为案情重大，故由国民党省党部、闽侯县党部、省政府、省警察局、省防军司令部组成5人小组特种刑庭会审。在审讯中，百般利诱，或施以酷刑，他始终坚贞不屈。担任这次会审的军法官孙毅，是浦城人，对李光说："我与你大兄很要好，你不要过于执拗，只要你供出一两个同党，那就有考虑余地。"在这生死关头，李光毫不犹豫地说："我是共产党员，其他概不知道，要杀便杀，不必白费口舌。"当局一无所获，李光被判死刑，在福州西门外鸡角弄英勇就义。临刑前，他面不改色，沿途高呼"打倒国民党""中国共产党万岁"的口号。

李 沄

　　李沄（1930—1984年），山下乡王柏村人。1951年福州理学院毕业后，分配到北京第一机床厂。这时该厂正由修配向制造过渡，需要建立理化室，李沄全力投入筹建工作，在国内同行业中较早应用光电比色分析法和快速分析法。他1953年加入中国共产党；1956年，担任锻冶科副科长；1966年初，任代理总工程师。为适应工作需要，他自学有关铸造、热处理、锻造焊接、机加工等方面的专业课程，担负起技术管理和领导工作。

　　"文化大革命"期间，他遭受批斗，下放到铸工车间劳动时，与工人一起进行铁模、射芯等工艺研究试验并获得成功，减轻工人的劳动强度，提高工作效率。1973年，他被任命为副总工程师时，就着手组织技术力量进行新产品试验。1979年，任副厂长兼总工程师期间，主持起草《北京第一机床厂1979—1985年技术发展规划》，坚持"整理技术管理，提

王柏村（柳良金／摄）

高产品质量，积极发展产品品种"的主导思想，提出改进生产技术准备工作的 10 条意见。

李沄严格要求自己，他说："一个人要慎独，无论有没有人监督都要一个样。"他的工资从 1956 年定级后就没动过。1979 年调整工资时他主动提出把升级指标让给别人。

1981 年，李沄患癌症，手术后被迫停止工作。但他常常不顾病痛和前来探望的同志谈论工作，病情稍有稳定就上班，又坚持工作一年多。他住进医院，离不开氧气瓶，可只要有同志去看他，总要问工厂情况，说不出话来时，就写纸条交谈。生病期间，他宁愿自己挤公共汽车，也不向厂里要车去看病。1984 年 9 月 9 日，中共北京第一机床厂委员会授予李沄"优秀共产党员"的称号。同年 9 月 14 日病逝。

山下乡革命烈士名录

姓　名	出生年月	籍　贯	入伍时间（年、月）	主要职务	牺牲地点	牺牲时间
章永远	1915	山下源头	1928	崇安县（今武夷山市）麻坜乡儿童团长	崇安县里洋	1929
李洪肸	1903	山下王柏	1929	红军战士	江西柴家坂	1929（1957年追认）
李　光	1909	山下王柏	1929	福州互济会常委	福州市	1930
彭天生	1888	山下	1930	红军五七团营部书记	崇安毛竹坑	1931
彭焕辉	1901	山下凹后前洋	1928	红军通讯员		1933
李眊子	1901	山下水门	1940	游击队地下工作人员	浦城城关	1940
毛日生	1892	山下水门	1935	游击队战士	山下水门	1941.3

山下乡革命"五老"名录

姓　名	生卒年月	所在地	革命时间 （年、月）	革命"五老"类别
马玉押	1910.4-1996.11	山下乡铁坑村	1932.3	老接头户
季盛娇	1928.1-2020.12	山下乡铁坑村	1932.3	老接头户
王良玉（女）	1913.3-1991.1	山下乡源头村	1927	老苏区乡干部
韩金文（女）	1915.6-2002.1	山下乡山下村	1931	老苏区乡干部
王牵凤（女）	1917.6-2005.11	山下乡山下村	1932.3	老游击队员
吴明发	1916-1999.3	山下乡铁场村	1932.3	老接头户
袁秀荣（女）	1904-1988.1	山下乡山下村	1928	老苏区乡干部
丁小妹（女）	1914.9-1995.3	山下乡山下村	1931	老苏区乡干部

悬壶济世的仁医——林芳铭

◎ 柳志勇 杨美娟

春日的下午。在山下乡山下街一幢三层的小洋楼内，窗明几净的房间里，一位白发苍苍的耄耋老人倚靠在床上，旁边立着一副手柄已被磨亮了的拐杖。显然，老人行走不便。

"喂，请问您是林医生吗？……"床头一部老人专用手机突然响起。老人在电话中耐心向来电患者了解身体状况及各项检查数据，并给出自己的诊断意见。

这位白发苍苍的老人就是远近闻名的山下卫生院医师、出席过福建省党代会、荣获过"福建省优秀共产党员"

林芳铭

表彰的林芳铭。年逾八旬的他出身贫寒，自幼跟随父母颠沛流离，饱受饥寒病苦。1962 年开始学医。说起当年，他切身感受到当时山区缺医少药的残酷现实，让他坚定了学医的信念。"医者，仁者。"正是恪守这一古训，他把内科肝肾胃肠疾病作为毕生的主攻方向。他孜孜以求，不仅从书本学，还向同行学；不仅钻研西医，还学习中医，搜集整理民间偏方，大胆而严谨地尝试中西医治疗方法。这些方面的临床成果，在他还是"赤脚医生"的时候就已经闻名乡里，受到父老乡亲的赞誉。

1981 年 5 月，林芳铭在县医院学习进修后，组织上正式安排他到山下公社卫生院当医生。此后，他更加勤奋地钻研医术，自学了大量的古今医书，然后悟其精髓，大胆付诸临床，不懈地与顽症病魔进行较量。1989 年的冬天，该乡村民吴书生的 5 岁孩子患结核性脑膜炎，到一所设备较好的医院救治七八天后不见好，吴书生抱着生命垂危的孩子到乡卫生院找林芳铭来了。经过林医生连续三天三夜的抢救，孩子的性命得以保全。

"医者父母心！"在林芳铭看来，医生不能只看病不管人，只有发自内心地关注病人，才能做出正确的诊断，才能施以正确的治疗。这帖"药"少不得。所以，他面对病人总是脸带微笑，把脉问诊总是专注倾神，一丝不苟。针对不同类型的病人，于话语间传递关爱，于细微处掌握病理，从而为因人因病施治打下基础。1990 年的农历正月初四，一位从浙江义乌来求医的病人回家缺少路费，林芳铭二话没说，把口袋里的 60 元悉数给了这位病人。凭借经年所学以及日积月累的临床实践，林芳铭形成了临床"两点论"的指导思想：一点是以人为本，从患者自身的免疫功能入手；一点则是采取传统中医学结合西医进行辨证施治。

曾有一位姓邬的 13 岁男孩患了肾病综合征，从外地辗转来求医的时候已是浑身浮肿，随时都有生命之虞。他的父母流着眼泪说，孩子的病在几家大医院都治过，钱也没少花，结果还是这个样。"'死马当作活马医'，林医师，求你救救孩子的命吧。"林芳铭没有推托。认真查明病因以后，他一方面从精神上鼓励孩子的信心，一方面采取中西医结合的方法治疗。为了能够准确掌握药性与患者的病情反应，他连续三个月昼夜进行跟踪观察，适时调整药方。经过几个疗程后，小男孩终于痊愈了。

医生用心看病，是医德；病人遇上能用心的医生，是福气。一位建瓯籍偏瘫病人卧床 20 多天，在一家医院治疗花了 2 万多元仍不见好转。林芳铭经过反复检查，发现患者是疯湿性心脏病诱发栓子脱落，导致大面积脑梗塞。于是从"根"治起，节节攻克，仅 7 天时间就取得显著的疗效。来自香港的陈女士右肾结石坏死被切除以后，左肾输尿管也发生堵塞，只好又一次开刀施行体外导尿引流术。几年里大医院没少跑，医疗费花了几十万，仍要挂着尿袋子，苦不堪言。后来她和丈夫慕名找到这旮旯。林芳铭运用中西医、青草药等多种方法，辨证施治。不到一个月，B 超检查病症完全消失了。痊愈返港行前，陈女士掏出一个大红包。笑眯眯的林芳铭一下子严肃起来，语气坚决而诚恳地说："我是一名医生，更是一名共产党员。治病救人是医生的本分，如果收红包，我还配当医生吗？"

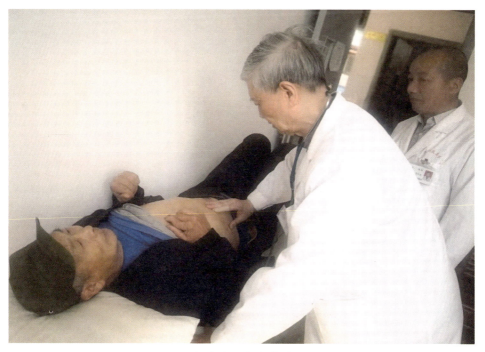

林芳铭给患者诊疗

　　像这样拒收病人钱物的事情，已不知有过多少次了。从医以来，林芳铭以高尚的职业道德对待每一位患者，无论对领导干部、商贾富人，还是平民百姓，都一视同仁，认真诊疗。他还经常为贫困的患者垫付医疗费。叶月昌永远不会忘记，多年前自己患了肾炎，贫病交加曾打算放弃治疗。是林芳铭垫付药费留他住院，又像对待自己的亲人，不仅为他治病，还一瘸一瘸亲自端屎端尿。一个多月后，老叶的病治好了，又重新找到生活的目标。

　　有一次，林芳铭接诊了一位脸色发黄、高烧不退随时都有生命危险的女患者。经过问诊了解，这位病人因为结石已先后切除了胆囊、胆管和胆总管，当肝内又长满了结石后，已无法再进行手术治疗。她经过多方打听，找到林芳铭医生，希望能解决这个许多大医院也束手无策的难题。林芳铭在认真查明病因后，一方面采取中西医结合的方法治疗，一方面通过病人平时饮食进行调理。经两个多月的治疗，这位病患恢复了自己的正常生活。

　　1999年，林芳铭医生已经到了退休的年龄。"从医后，我就没有了

林芳铭（中）与患者谈心

双休日和节假日，每天来找我的病患总是很多，圩日就更多。"他告诉我们，退休后也是如此。为了让群众少走路，他总坚持把最后一个病号就诊结束才下班。长年累月的坐诊导致他腰椎出现退行性病变，并压迫到神经，从此无法像常人一样行走。可是他觉得自己身体还很好，自己治病的本事还没有还给病人，不能歇气。退休后依然坚持每天早早出门，一手拄着拐杖，一手搭着老伴的身体来到卫生院"上班"坐诊。就这样又坚持了20多年。据不完全统计，退休22年里，他接诊过的病人已突破10万人次。

2018年2月5日，林芳铭唯一的儿子因劳成疾，骤然倒在工作岗位上，这给林芳铭夫妇精神上严重打击。2019年除夕，林芳铭不幸摔了一跤，之后身体更为虚弱。老伴病故后，他更像丢了行走的"拐杖"。但他高尚的医德、精湛的医术在群众中口口相传，患者还是自四面八方来求医问诊。只要有患者上门，他仍然抱病行诊，从不耽误。近年来一边为病人看病，一边将自己这么多年来积累的临床经验悉数传授给自己的徒弟也是女婿、如今的山下卫生院副院长祝德飞。寄望他将自己对一些疑难杂症总结出来的独到医术能传承下去，继续为群众排忧解难……

回顾几十年行医走过的路，林芳铭说："看见病人能一个一个康复，我这辈子就值了。"

中国传统文化的守望者——梁代

◎ 初学敏

山下子弟梁代本名梁新颖，是一位颇有建树的书法家。

不用扬鞭自奋蹄。当年中央党校毕业的哲学硕士，怀揣一颗赤子、仁爱之心，2006 年秋再度奋发考进首都师范大学，投在著名书法教育家欧阳中石门下攻读书法博士。多年的持续勤奋积淀了深厚的文化底蕴，他用自己的方式使自己成为特立独行、卓尔不群的中国传统文化的守望与传承者。

梁 代

一、"崦嵫勿迫　鹈鴂先鸣"

功夫书外，道艺相长。梁代的成长得益于家学传承，其父发其蒙，贤兄导其路。梁代的书法曾受到李曲斋、麦华三、商承祚、曾景充、秦咢生等广东几位著名书家直接或间接的传承与影响。

学者型的书法家是他一直追求的目标。

攻读哲学硕士为他探索美术学奠定了基础，从哲学到美术学的跨越在他是相通的。2013 年由人民出版社出版其专著《康有为书法研究》填补了国内康有为学术研究的空白，得到学术界高度评价。清华大学著名书法家、陶瓷研究专家叶喆民教授在该书的"序言"中称赞："从专著中可以看到梁代苦心孤诣、锲而不舍的认真态度。尤其在治学方面的求实精神与谦虚作风，这一点也是十分难能可贵而值得赞许的。"

在治学过程中，梁代不断进行理论探索，多篇理论文章被权威期刊刊载并获奖。

梁代虽为书法博士，但始终保持着谦虚的态度：黎明即起，临习碑帖不辍，学而知不足。正是几十年的笔耕不辍，书法作品有古意而不失天真灵动之趣，既走传统经典之路攀古人高峰得书法艺术精髓，亦审时度势，以独特的现代视角和审美理念探索笔墨当随时代的审美意趣。中央美术学院院长、中国美术家协会主席范迪安先生对其评价："字如其人，文如其人，他给人的印象是谦逊朴实，所做文章透溢着真诚，字语行间流露出思考的清晰。其作品既高古又不乏灵动，拙味内敛尽在其中。通览梁代之书，可见他对书法的理解与实践是务实的，也是创新的。"中国书法家协会原副主席、顾问刘艺先生对梁代书法取得不断进步，称赞道："看梁代作品集，真有士别三日刮目相看之感。除楷、隶书体有临写者外，过去少见的行草书体异军突起，成为梁代书法的主体。所书李白《将进酒》《古人诗长卷》，更脱出行草进入草书。草法熟练，点画沉稳，表明梁代书法已迈上新台阶。"

二、博采众长 诗人情怀

梁代在福建时得到著名书法家赵玉林、陈奋武、徐良夫等先生的教诲，在北京又受到欧阳中石、刘艺、叶喆民等先生的指教。为了学习书法，曾两度赴黄山求教著名书法家黄澍先生。吴昌硕、齐白石、徐悲鸿、罗复堪、叶恭绰、朱复戡、刘自椟等近现代一大批优秀书画名家都是梁代敬仰和学习的艺界翘楚。

除了在古典文学上下功夫外，对诗词联的创作尤为重视。重视文人素养的提高，坚持书写自己创作的诗词联，主张"以吾笔书吾心"。他创作了大量诗词联，通过书法形式将技法与情景、形式与意味、书艺与书道完美融合，展现了一代文化人对中国传统文化艺术的传承。

诗词与书法同源而不同宗。梁代身栖书法、诗词两域游刃有余且相得益彰。离开家乡多年，梁代先生对家乡故土的眷恋之情无时无刻不在魂牵梦绕，常忆如初。"隆隆大鹏越洋去，跨越时空向北行；忽忆南浦溪中景，滔滔河坝耳边……"这是诗人在万籁俱寂的大洋上空，身携怀素的《自叙帖》，任脚下波涛汹涌，万里无垠，心中依然有南浦溪的绿波、故乡的炊烟、老屋的窗棂和儿时挥之不去的回忆。"西岩山月朗，南浦水风清""仙楼山下，梦里吴山""梦笔山前柘浦游，桂香意气满仙楼"，荣华山下、渔梁早田、三元练村……这是诗人生于斯长于斯的故土呵，能不忆故乡？

梁代书法作品

作为一个立志中国传统文化的守望者和传承人，他勇于进取，大胆创新，跨越哲学、美术两个领域，而且独具建树，使他的作品跃动着一种深刻和睿智。赤子情怀，仁爱之心，是梁代先生诗词楹联创作的主题，亲切而隽永。

梁代先生深谙诗词楹联创作之道，他的诗词创作，遵从格律而不囿于格律，工于意境从之胸襟，收放自如又疏密有致；他的作品朴实无华，清新流畅，无雕琢之痕，字里行间渗透着浓浓的家乡之情，同窗之情………

三、"尔乃世之光！"

2017年初，在北京创办国创书院，梁代就以"尔乃世之光"为院训。书院创办以来，汇集了文史科哲、诗书画印等各领域专家学者，成为名师荟萃、英才辈出的教育实践基地。先后邀请知名学者开展一系列精彩讲座，让更多的人接触大家、聆听经典。国创书院名誉院长、中国人民大学博士

梁代书法讲座

生导师高放教授作题为"孔子与马克思"的讲座；中央党校老教育长王瑞璞教授主讲"中华民族的伟大复兴与中国共产党"；北京大学中文系副主任卢永璘副教授主讲"中国唐诗宋词之美"；海外华侨郝知本教授主讲"唱响正气歌"等高端讲座都引起听众极大兴趣，各有关主流媒体广泛报道，好评如潮。此外，书院还不定期组织丰富多彩的侨青文化沙龙，开展紫砂壶、国画、书法、茶艺、插花、香道等主题传统文化交流活动。而今，书院已成为广大海外侨胞、归国侨眷以及留学生学习中国传统文化的学堂。

近年来他先后举办了 20 余期书法公益课，全国各地的书法爱好者慕名到书院参观学习。专业且充满意趣的授课方式，深入浅出地与广大听众分享中国书法史、历代经典碑帖和创作实用技巧，大胆揭露当代书法乱象，引领正确审美，揭开学习书法的神秘面纱。现在国创书院大讲堂已成为北京联合大学、中华全国供销总社、北京大兴国际机场等许多单位党建、工会的品牌讲堂。

梁代不仅把广大学员"请进来"，他还身体力行"走出去"。他的足迹遍布全国，先后到福建、河南、广东等十多个省市开展书法公开课，与地方书协会员和书法爱好者展开深入交流。河南"天中讲坛"在中原大地极负盛名、闻名遐迩，而梁代，是首位在该讲坛开讲的书法家。

四、架起中外文化交流的桥梁

梁代精勤不息的精神是他不仅注重传统文化的学习与传承，在对外文化交流方面也重下苦功。长期坚持自学，使他不仅能够用英语与外宾交流，而且能够用英语流利地讲解中国书法文化，成为当今在中外文化交流领域的一大亮点。他创作的中英文双语书法作品作为国际礼品被送往世界各地，为的就是展示中国传统文化的博大精深。

特别是近两年在外交部、最高人民法院、国家法官学院组织开展的"一带一路"对外文化交流项目中，他作为最高人民法院和国家法官学院唯一认可的主讲名师，向外宾们传播中华传统文化的魅力。目前，国创书院已经接待了来自欧洲、亚洲、非洲、拉丁美洲等地区 51 个国家（地区）44 名（批次）法官代表团学员到书院学习中国传统文化。

随着梁代书法教育影响力的不断扩大，北京大学、清华大学、人民大学等高校的外国留学生纷至沓来。

传递中国灿烂文化，架起各国人民相遇相知的桥梁，多次出访美国纽约、波士顿、旧金山、洛杉矶、圣地亚哥以及澳洲等地开展讲学交流活动，受到各地高校的领导以及华人华侨的热情接待和高度认可。2019 年 5 月，梁代被美国斯坦福教育基金会聘为终身特聘教授。

五、拳拳之心 大爱无疆

知恩图报，回馈社会。多年来，梁代不断用书法润笔费为贫困山区捐资助学或为社区孤寡老人募捐献爱心。

2019 年家乡洪灾，梁代开展书法作品义卖，将所筹善款全部用于灾民家园重建及贫困学子就学深造。为了将专业化、系统化的书法教学普及到教育资源相对匮乏的地区，他的公益讲学、助学的脚步从未停歇。

为监狱系统捐书，为福建武夷学院、河南周口文昌中学各捐赠 10 万元图书，鼓励广大师生"放下手机，捧起书本"，增强阅读，不断丰富自身文化素养。2020 年疫情期间，梁代倾情创作大量诗词和书法作品，以文艺鼓舞人心，为驰援武汉抗疫医务工作人员爱心捐赠书法作品捐赠价值近百万元。2021 年端午节，为助力浦城一中校庆，在家乡举办梁代书法义卖活动，得到县委、县政府的大力支持，将义卖款 31.36 万元全部捐给母校。

六、"让原创走进千家万户"

2018 年，居然集团率先提出"让原创艺术走进千家万户"。梁代是首位被居然集团受邀入驻的书法家。因此，"梁代书法 + 艺术馆"应运而生。

中国侨联原主席林军为艺术馆题字"让原创艺术走进千家万户"，范迪安先生为艺术馆题写匾额"梁代书法"。

让中华艺术成为推广传统书画艺术、助力文化产业发展、推动原创艺术走进寻常百姓家的基地。经过数年的发展，梁代书法 + 艺术馆取得了丰厚的经济效益和广泛的社会影响力，梁代书法 + 艺术馆福建分馆、河南分馆、河北分馆先后成立，在各地逐步产生影响。

"但将妙品养君眼，常怀嘉德润吾身""少以笑脸攀权贵，多把佳作奉名流"等原创联是梁代的书法之道、处世之道的真实写照。

让石头唱"富歌"、矿山披"绿装"

—— 记企业家雷和孙

◎ 王树瑜 邱春静

35 年栉风沐雨，35 年披荆斩棘。福建和顺矿业化工有限公司董事长、福建省人大代表、高级工程师……这一个个光鲜亮丽的头衔，正是雷和孙 35 年风雨兼程、开拓进取的最好见证。

企业是社会的一员，肩负着对国家对社会的责任，企业家有多大的视野，就有多大的胸怀，有多大的胸怀，才能成就多大的事业。雷和孙，大学毕业后从建筑公司普通施工员干起，1995 年，他以丰富的经验和扎实的能力成为公司的总经理。1998 年，转战化工领域后，一步一个脚印将氟化工企业做大

"工人也是兄弟"，雷和孙（右）把生产一线工人冷暖挂在心上

做强，以惊人的魄力竞得福建、江西等地十多个萤石矿的采矿权和探矿权证。2004 年，在投资 6.8 亿元的江西福丰化工有限公司成立不久，他以 3070 万元成功竞拍位于浦城县山下乡的全省三大硫铁矿之一——浦城屏峰硫铁矿，拥有丰厚矿产资源的和顺矿业化工有限公司成为华东地区乃至长江以南地区规模最大的氟化工生产基地。

盘活资源　让石头"唱歌"

"我的家就在凹后村，以前去外面的矿山打工，照顾不到家人，现在就在家门口工作，既能赚钱又能顾家，两全其美。"今年 58 岁的矿山安全员朱仕高说，他在和顺矿业工作了十余年，每年能赚五六万元，远比过去外出奔波赚得更多。

和朱仕高一样就近上班的，还有六七十人，让更多的村民能够就近上班，得益于雷和孙创办的福建和顺矿业化工有限公司。1998 年，雷和孙的建筑公司完成了浦城县冰晶石有限公司的氟化铝项目土建工程，但该项目在经营初期就陷入了困境而濒临倒闭。此时，商业目光敏锐的雷和孙经多方咨询，了解到氟化铝作为氟化盐中的一个产品，是电解铝的助熔剂，而该助熔剂的科技含量直接影响着铝的质量，产业前景非常广阔。经多方调研论证，雷和孙毅然拿出多年从事建筑行业积累下来的 300 余万元，并购接手了该公司，并经过优化重组成立了现在的福建和顺矿业化工有限公司。

涉足化工产业，雷和孙深知，拥有不可再生的矿产资源是氟化工企业可持续发展的重要前提。2004 年 9 月，雷和孙参与了全省三大硫铁矿之一的浦城屏峰硫铁矿的竞拍。原本预计 400 多万元的采矿权，在竞拍中水涨船高，凭借惊人的魄力和过人的胆识，雷和孙最终以 3070 万元成功竞拍。掌握了大量的矿产资源，不仅为雷和孙在矿业的发展奠定了坚实的基础，也为解决当地劳动力就业，促进村民和村财增收带来了新的机遇。

"矿山就像我们的家一样，工作生活都很安心。现在技术水平提高了，很多工序都是机械化操作，矿山上的工作并没有想象中那么辛苦。"和顺矿业基建部经理许吉利说，公司包吃包住，每天都有专人负责下山采购新鲜的食材，每餐荤素搭配保证营养均衡；无论是选矿工人、技术员还是安全员，各个工种的工人只要自己愿意，公司都为他们提供便利的宿舍。

在雷和孙及企业团队的努力下，在矿区隆隆的机声中，昔日屏峰岗上沉睡的石头，在青山中唱响了一曲旋律欢快的"致富歌"，为凹后村提供就业岗位 60 余个，还累计帮助凹后村争取水利项目 100 余万元。

溯本思源　让矿山复绿

在大众的眼中，矿山采矿似乎总和破坏生态挂上钩，在屏峰岗的采矿区里，其实不然。自获得采矿权以来，雷和孙奉行"经世济民，以人为本，义利兼顾"之道，始终坚持开采与保护并重，多措并举节约资源，植树复垦让矿山复绿。

"原本进山的路都是泥土路，下雨天容易打滑，货车行驶安全性较差。"

企业环保水平不断提高，雷和孙（前左）脸露笑容

和顺矿业化工有限公司基建部经理许吉利说，公司在矿区公路上铺上厚厚的矿渣，并沿途堆放少量矿渣对损毁路面进行及时修复，在合理利用矿渣的同时，提升了矿区公路的安全系数。据介绍，过去，开采后的矿渣都储存在尾矿库，随着时间的推移沉积越来越多。随着科研和技术水平的不断提高，发现矿渣还有开采价值，于是，该公司计划启动尾矿库回采项目，继续开采尾矿中的有用物质，并拟将矿渣制成砂石料或作为砖头原材料进行重复利用，让"一文不值"的矿渣继续到建筑业中发挥"剩余价值"。在距离尾矿库不远处，从选矿厂流下的工业废水经过一路沉积，又通过轰鸣的水泵回到选矿厂，实现了对90%以上的工业用水进行循环利用，大大减少了浪费，节约了宝贵的水资源。

为了进一步提高矿山地质环境治理恢复水平，2018年6月，福建和顺矿业化工有限公司组织编写了《浦城县屏峰硫铅锌矿矿山生态环境恢复治理方案》。近年来，该公司根据矿山实际，逐步开展地质环境治理恢复，优先选择适合本地区生长的植物，对地形地貌景观破坏区域进行复绿到位，使矿山植被与周围山体生态环境融为一体，并就近取材对潜在崩塌的高陡边坡进行治理。根据矿山的水文地质条件以及灾害特征，采用"削坡减载＋挡土埂＋排水沟＋覆土绿化＋警示牌"的治理方案，以期根治病害。为提早复绿，本着因地制宜、适树则树、宜草则草的原则，实施草、灌结合，并请专人对新绿化地带进行精心管护，确保成活成林。

雷和孙（右二）到现场检查安全生产

热心公益　担社会责任

多年来，雷和孙以实际行动，践行着企业家和人大代表的责任与担当。2019 年 7 月 9 日，突如其来的持续性强降雨让浦城城区及各乡镇深受洪灾之苦，和顺矿业化工有限公司在这次洪涝灾害中也遭受了严重的损失。在全县上下众志成城抗洪自救、恢复生产的关键阶段，7 月 29 日，雷和孙慷慨解囊，向浦城县灾区捐款 10 万元。"作为企业来说，有责任，也有义务援助受灾群众。"雷和孙表示，目前企业正在积极组织恢复灾后生产，同时也想为家乡灾后重建出一份力。

做一次慈善容易，不容易的是将慈善作为一项持之以恒的事业来做。雷和孙深知，顾"小家"更要顾"大家"，有"小爱"更要有"大爱"。2008 年 5 月 12 日，汶川地震牵动着全国上下亿万人民的心，雷和孙在以个人名义在浦城县捐款的同时，福建和顺矿业化工有限公司、福建和顺碳素有限公司、江西福丰化工有限公司、福建省和顺建筑工程有限公司等子公司也相应地进行了捐款。每年，雷和孙及其名下子公司都会向南平市民政局、南平市慈善总会捐款，每年用于慈善事业的捐款达数百万元。企业跨界、技术创新，雷和孙深知教育的重要性，为此，十几年来，每年他都会拨出一笔资金捐助给希望小学，并以结对子的方式捐助贫困学生。

第七章

山村画卷 靓丽明珠

青山记忆

Qingshan Jiyi

◎ 王树瑜 邱春静

村情： 青山村民委员会驻地青山自然村。因村庄坐落前洋自然村西北茂林下，始建村时，故名西山下。后熊姓迁此，寓意只有青山是熊的长久栖身之地，改名青山下。新中国成立后简称青山。清属仁凤里。民国属山下乡。1951年，属第五区，1956年，属临江区前洋乡，1958年，属临江公社前洋大队，1961年，属山下公社，为青山大队。1984年，改称山下乡青山村委会。位于浦城县西南部，距县城20千米，距乡政府10千米。东至临江镇，西至凹后村，南至凹后村，北至永兴镇。辖青山、溪洲铺、管处、樟塘坞、洪源5个自然村，设14个村民小组。311户，1122人。其中男性599人。潘、章、熊姓人口较多。

辖区土地总面积9.608平方千米，其中耕地2362亩（水田2312亩），人均耕地2.1亩；鱼塘50亩。山地面积10881亩，其中生态公益林8亩，杉、松、杂用材林9873亩，经济林500亩，竹林500亩（人均0.44亩）。植物资源有古樟树群、花梨木。动物资源有野猪、麂等。主产稻谷。土特产有烟叶、中药材、淡水鱼，有村淘宝电商1家。专业合作社有浦城县山下乡田园水稻专业社、浦城县山下乡昌荣农机专业合作社、浦城县绿青中药材种植专业合作社、浦城县青山种植专业合作社。有村大会堂、老年人幸福苑1700米。广场面积830平方米，全面普及自来水，通村道路硬化，有卫生所、图书室。小学1所。县道867穿村而过，班车每天往返6趟。

笔下的青山，不是"山外青山楼外楼，西湖歌舞几时休"的宋都临安；也不是"两岸青山相对出，孤帆一片日边来"的长江天门，而是"莫向华簪发已斑，归心满目是青山"之感慨；是珍藏着45年的青春记忆；是山下公社青山大队，现在叫山下乡青山村。

1975年，我高中毕业就以"知识青年"的身份，到这个陌生的村庄插队落户，从此青山就烙印于我的灵魂深处。

当时知青中流传着一个趣话：许多从福州分配在山下公社的知青，稍有门路或有点小聪明的知青可以选择落户的大队，有的选了前洋、小溪、枫溪，有的选了铁场、源头、王柏，唯独无人选择青山，一些无所谓的或不懂事的被分配到了青山。可是一到地方，就几家欢乐几家愁了。青山大队是山下公社离县城最近的村庄，而且青山无高山，一马平川的青田畈和溪洲畈，关键是青山大队是山下公社的米粮仓，全公社只有青山这个大队不吃返销粮。

青山很美，村庄离公路约一里地，中间隔着一条前泽溪，三面环着低矮的小山，后门山上，有大片的竹林、松林和油茶林，房前屋后种着桂花树、桃树、梨树和棕树，赤橙黄绿地应景着四季，村口有一片由古樟树和花梨木群组成的风水林，虽然年代久远了，却是四季常青，门前一条石板和鹅卵石铺就的小路，一头通往村外，一头通往山边，站在小街上，放眼是大片的稻田青青黄黄也应景着四季，晨昏中只见炊烟袅袅；入夜里只有鸡犬相闻，远离着沙石粉尘和噪音，恍若不小心误入桃花源。

我插队的是青山四队，队长熊道远是一个比我大5岁的青年，精明有文化，对我很热情。我到时就不敢相信，在知青点能住上套间，厨房里炊具一应俱全。他怕我不会做饭，安排在村里30多户村民中轮流吃派饭，

青山村部（刘德祥／摄）

和下村工作组一样待遇，区别的是我不用付饭钱。前后持续了2个多月，每家轮过2次以上。他还告诉我，只要没饭吃就去他家，这一承诺直到我调离。一直以来，人们大多在抱怨知青的苦难，而我除了感恩还是感恩，丝毫不敢有半点抱怨之心，我可是吃青山人的百家饭成长起来的呀！

当时，农村很穷，但在青山只要能出工，吃饭不成问题，人均2.5亩水田，我所在的青山四队，人均口粮500斤，每10个工分可以分红0.8元，5斤工分粮。在青山4年时间，我每年平均工分5000多分，分红400多元，粮食在4000斤左右。自从我插队后，不但可以养活自己，城里的弟妹也可以吃饱饭了。这难道是上天的恩赐吗？不，是这片多情的土地的恩赐，是青山许多像熊队长这样的农民给我的温暖。

1976年山下公社农田基本建设大会战，上千人在青山摆开了战场。虽然是大批促大干，但也不蛮干，有技术员指导，先把地表的肥土挖出堆好，再挖下层沙土填平低洼后覆上肥土，整个青山畈近千亩水稻田，平整成4亩一丘的样板田，把小山丘平了，把深水田垫了，再按规划建立机耕大道和灌溉沟渠。为此，我们知青也和农民一道，凌晨4时起床踩着冰霜，晚上挑灯夜战，整整一个冬天，那可是热火朝天真干哪！虽然我们掉了几层皮，瘦了几斤肉，但体格却锻炼得强壮了许多，这种历练让我终身受用。大会战期间，为了解决青山村不通车的问题，开路架桥提上日程，一座石孔桥、一条便道随着大会战的结束也如愿以偿建成了。

1978年农业生产责任制，青山农民享受到了改革开放的第一次红利，大会战的成效也显现出来了，那年取得了超历史的大丰收，亩产达800斤，交足国家的、留足集体的，剩余都是农民自己的，一时间家家户户的粮仓是满满的，那年月粮食就是财富啊。第二年，村里就冒出了十几座新房子。

这么多年了，奔走红尘，忙于生计，青山渐渐远了，但每逢春节，总会收到青山的问候，几斤茶油几个米粿，几斤鸡蛋或是一只番鸭，让我觉得青山依旧很近很近。

时隔45年，今年春节后，熊队长70岁生日请我去喝酒，但因疫情取消了生日宴，疫情转好之后我约上当年的知青和一些同学，去青山为他祝寿，再一次踏上了青山这块养育我的土地。

当年我们知青为主力筑建的石孔桥还在，当时觉得很壮观的大桥，现在觉得太窄太小了，因为在前洋溪下游已建成了新大桥，一直通到青山村，各个自然村有了水泥村道。知青点的平房已无踪迹，被村民盖起了新房。门口的空地篮球场被村里修起了村民公园，建起了凉亭、修起了栈道，沿着花径直通前洋溪，也算是物尽其用了。我们在公园里拍下了45年后的集体照以纪念逝去的青春。

我在青山村游荡着，寻觅着我的旧踪，但已经是了无痕迹了，家家户户都盖起了白墙红瓦的新房子，若不是远山近田，我还以为走进了城里的别墅区。所幸的是村里还有人能认出我，叫出我的名，我也稍想片刻亦能叫出他们的外号。

鸡鸭鱼肉一应俱全的席上，我们喝着米酒聊着远去的故事、青山的未来。我提议在座的知青同学为熊队长举杯祝寿，祝他健康长寿儿孙满堂。熊队长3个儿子已经成家，都住在城里，大儿子部队志愿兵退伍后分配在乡镇事业单位，如今衣食无忧。说起收入，熊队长告诉我们：村里人除了种水稻也种上了烤烟，烤烟收入有150万元左右。村里成立了田原水稻农业合作社和昌隆农机专业合作社，有三分之一的农户参加了合作社。加上其他收入，人均收入有13000多元，只是现在村里的年轻人都进城经商、打工了，村里种田的基本上是像他这样的老人，虽然现在田里的粮食每亩已经可以达到1500斤，但种田的收入还是不多。希望县乡能扶持一些农业科技项目，能多种经营，让田里的收益增加一些。

　　酒意半醺后，这些当年的知青，如今的老头，去了由村大队部改造成的老年活动中心活动起来，乒乓球、麻将牌、打炸弹，开心地玩了一个下午。丰盛的晚餐后，挥手作别青山的晚霞余晖。

　　我回望青山，前洋溪淙淙流淌奔腾不息，心里在想，追逐小康的路上，青山人依旧脚步匆匆，这大片良田在他们手中耕耘定然会生长出各式的希望，这希望里也定然有我的一份惦记。汪国真诗云：问青山思念几许，岁月有多久，记忆便有多久。

　　青山记忆，与余俱老。

凹后印象　　◎ 蔡旭麟

Aohou Yinxiang

　　村情：凹后村民委员会驻地凹后自然村。因前洋自然村背后有一山凹，前洋村人惯把凹背后一带称凹后，后在此建村，称凹后。原中心村在前洋，1962 年初迁此村。1981 年，前洋大队更名凹后大队。清属仁风里。民国属山下乡，1950 年，属第四区。1952 年，属第五区山下乡。1956 年，属临江区山下乡。1958 年，属临江公社前洋大队。1981 年，前洋大队更名凹后大队。1984 年，改称山下乡凹后村委会。位于浦城县西南部，距县城 30 千米，距乡政府 9 千米。东至临江镇，西至永兴镇，南至铁场村，北至青山村。辖凹后、前洋、洋村 3 个自然村，有 13 个村民小组。377 户、1329 人，其中男性 685 人。张、吴、叶姓人口较多。

　　辖区土地总面积 15780 亩，其中耕地 1729 亩（水田1648 亩），人均耕地 1.33 亩，鱼塘 5 亩。山地面积 14000亩，其中生态公益林 3627 亩，杉、松、杂用材林 8953 亩，经济林 560 亩，竹林 860 亩（人均 0.66 亩），动植物资源有毛竹、杉木、野猪、山鹿。矿产资源有铅锌矿、硫铁矿。主产稻谷。土特产竹荪、笋干、烤烟。硫铁矿矿坑拟开发工业旅游，境内有润东农业生态发展有限公司、福建和顺矿业化工有限公司。有信武家庭农场，浦城县润农茶油专业合作社、浦城县奇花异木专业合作社。有大会堂 1 座，修建为老年人幸福苑。全面普及自来水，通村道路硬化，自然村有路灯，洋村有农民公园，村广场面积 160 平方米，凹后自然村有防洪坝护岸 1000 米。三个自然村各有一座凉亭。村学校 1 所，有卫生所、图书室。县道 867 穿村而过，客运班车每天往返 6 趟。

初闻凹后，是两年前东部战区海军"高位嫁接"、挂钩帮扶这个名不见经传的偏远村落，县里要求有关单位相应跟进，做到人、物、力往农村基层倾斜，集聚力量，共同打造一个脱贫致富的新农村样板村。

就在 2019 年春天，一个风和日丽的上午，肩负着同仁们的托付，我们一行三人驱车从临江镇某个路口右拐，朝山下乡的地界行进。正值"人间四月芳菲尽，山寺桃花始盛开"的暮春时节，旷野的暖风拂过车窗，沿途可见群峰连绵、竹木蓊郁，田畴广布、禾苗新绿，一派欣欣向荣的景象。感觉驶入通往乡政府的新路，只是抽支烟的功夫就抵达凹后村了。

首先映入眼帘的是 20 世纪 70 年代建造的一座两层的农村大会堂，外墙是用打磨平整的条石垒砌而成，历经风霜雪雨的侵袭岿然不动，只是一眼仍然可见岁月的痕迹，依稀能辨识早已凝固其中的历史烟云。在村委张支书的引领下，我们走进作为村民中心的大会堂参观，只见地面上有序堆放着沙子、砖块和水泥等建筑材料，正在忙碌的施工队抓紧进行内部改造和修缮。通过交谈，我们得知村里将大会堂的底层隔出相当大的面积，用于农村文化阵地建设时，情不自禁地伸出了大拇指。我们按照上级对农

凹后村（刘德祥／摄）

村基层综合性文化服务中心建设的标准和要求，对几个功能室的布局和布置，择其重点，简明扼要地提出了意见和建议，村里现场办公，交代中标的建筑企业负责人，立即修正原先设计方案中一些不合理的地方……

为了掌握全村概貌，我们还兴致盎然地绕村转了一圈。在边走边聊中，我对凹后村有了一个大致的了解。凹后人祖祖辈辈以种田为主要生计，只要年成尚好，都有余粮上交，村民安分守己，民风淳朴，但前些年落后守旧的思想观念，成了制约发展的瓶颈。自从省上下派第一支书方敏驻村工作，尤其是东部战区海军的倾力"加盟"，犹如春风送暖入山乡，"吹皱了一池春水"，让凹后这个原本闭塞、沉闷的小山村逐渐显现出生机和活力……这次短暂之行，我完成了单位交办的任务，又摸清了凹后村情，竟然有一见如故的感觉，在脑海中留下了美好的印象。

此后数次前往山下乡政府办事，途经凹后村，免不了多扫描几眼，多加以留意，但总有一种走马观花、雾里看花的感觉。有一次，索性在路边停车，没有和村里打招呼，同车几个人漫无目的地随处漫步，只见散落在不同地域的建设工地上，是一派热火朝天的景象，搭建仿古廊桥、机耕道

凹后村部（刘德祥／摄）

硬化、防洪护堤加固等项目正有序推进，具有军民融合特色的鱼水情拥军园、国防教育广场等项目大干快上……这些惠民利民项目正日益改变着凹后村的滞后面貌，可谓旧貌换新颜。

带着好奇和疑问，我向乡村有关人士深入询问，得知凹后村近年来的可喜变化，主要受益于山海协作的强有力帮扶，亦即东部战区海军的无私援助。据统计，东部战区海军共安排对口帮扶资金704万元，用于凹后村众多的扶贫项目建设。除了这些投入的项目资金直接"输血"外，军地双方还通过践行"生态银行"理念，大力凸显凹后村特色农产品资源价值，重点打造油茶、笋和大米三项特色产业，不断增强凹后村"造血"功能。

在实施过程中，军地双方为了充分挖掘和利用凹后村丰富的笋资源，由东部战区海军慷慨解囊，从有限的办公经费中挤出100万元，支持凹后村新建笋片加工厂，继而唱响凹后村笋产品品牌，让"养在深闺人未识"的山珍美味，走出崇山峻岭，走向广阔天地，让更多的人群知晓和品尝。目前加工厂的各项建设手续办理齐全，即将开工，预计明年上半年项目建成后，将为村里提供20个左右的就业岗位，可促进当地笋制品年销售100吨，可增加村财年收入约10万元。正因为军地双方坚持发挥项目和产业带动作用，所以村民和村财收入实现了"两连增"，原先村里的贫困户均已如期脱贫，村容村貌有了较大的改观……这些让人印象深刻的喜讯，久久地萦绕在我的内心深处。

今年国庆前夕，借文联采风的机缘，我再次来到了凹后村。只见村大会堂修缮一新，新建的凉亭、廊桥、广场等点缀其间，路、桥、堤等基础设施得到进一步完善，紧挨县道的荷花池，虽然花期已过，但不难想象繁盛时"接天莲叶无穷碧，映日荷花别样红"的诱人景色……站立村头，我心潮澎湃，纵有千言万语，最终精简为一句话：祝愿凹后村的明天更美好！

源头 活水润山乡

Yuantou Huoshui Run Shanxiang

◎ 柳志勇

村情： 源头村民委员会以村驻地源头自然村为名。黄氏建村于小河流的源头，故名黄氏源头，寓意源远流长，后因黄氏渐少，简称源头。清属仁风里，民国属山下乡。1950 年，属第四区王口乡。1952 年，属第五区王口乡。1956 年，属临江区王口乡。1958 年，属临江会社黄柏大队。1961 年，属山下公社黄柏大队。1962 年，从黄柏大队折建源头大队，属山下公社。1984 年，改称山下乡源头村委会。位于浦城县西南部，山下乡东北。距县城 41.5 千米。东至铁坑村，西至王柏村，南至石陂龙根村，北至山下村。辖源头、里炉、郭下、坪坑、竹后 5 个自然村，设 9 个村民小组。286 户，1049 人。以李、余姓较多。土地总面积 11.9 平方千米，其中耕地 1293 亩（水田 1275 亩），人均耕地 1.2 亩。山地面积 14000 亩，森林覆盖率 87%，其中生态公益林 6600 亩，杉、松、杂用材林 460 亩，竹林 7000 亩（人均 6 亩）。动物资源有野猪、山羊、麂、猴、白鸡等，植物资源有毛竹、杉木。旅游资源有古茶树、邻水居里炉古树群、龙蛋石、排花井、飞龙瀑布。主产稻谷。土特产品有笋干，以贵妃白王笋为品牌，有冬春笋，食用菌有香菇、木耳。有毛竹加工厂 1 家、邻水居农庄 1 家。专业合作社有浦城县金兴果蔬专业合作社、浦城县山下乡文新毛竹专业合作社、浦城县兴显中草药专业合作社、浦城县秀文苗木专业合作社。村有卫生室、农民公园、幸福老人院，广场面积 2300 平方米。开发飞龙瀑布景区生态游。各自然村均安装路灯，修筑源头至里炉 1.65 千米 4.5 米的路，并进行硬化。

"问渠那得清如许，为有源头活水来。"

深秋时节，源头村 7000 多亩的天然林，愈发青翠；连绵 5000 余米的瀑布群，气势磅礴……这一方山水，每天都吸引着各地的游客到这里来跋山涉水，在那一缕缕清风中洗去城市的喧嚣。

源头村位于山下乡中部，距县城 41.5 千米。东与铁坑村、南与石陂镇接壤，西与王柏村相邻，北邻山下村。地域面积 11.9 平方千米，共有 5 个自然村，9 个村民小组，296 户，人口 1160 人，耕地 1275 亩，林地 13000 亩，其中毛竹林 7500 亩。农林业是该村的主产业，村内办有竹产品加工厂，该村盛产毛竹、笋干、灵芝、香菇、木耳、竹荪，冬春笋肥壮白嫩，村成立的文新毛竹山专业合作社，生产的"贵妃牌"白玉笋干，畅销省内外，质量口感远近闻名。境内有海拔千米高的桃花井、羊橱岗等山峰，林区内针叶、阔叶林资源丰富。村里拥有丰富的民俗和历史文化，有三角戏、踏地戏等民间小戏，有乌饭节、开路节等特色节庆，还有珍珠粿、曲曲粿、豆腐丸特色饮食，人文资源具有独特的魅力。当前，该村正在结合乡村振兴，依托村里丰富的自然、人文等旅游资源，全面整合山、水、林、民俗文化等元素，以发展乡村生态旅游来带动全村经济发展。

源头村生态环境良好，林业资源丰富。境内小溪山泉流淌，奇峰怪石嶙峋；林区内有红豆杉、银杏等珍贵树种，还有白鹇、猴子、岩蛙等野生动物；村里盛产笋干、竹荪、灵芝等农特产品。听村里的老人们说，这里的村民向来有保护生态环境的优良传统，加强生态公益林保护，还被列入该村的"村规民约"，谁家乱砍树，就罚种树或义务看护公益林。村里不管是村民大会还是党员会议，或是小组长会议，逢会必讲生态保护的重要性。久而久之，村民形成了统一的观念：不砍树，同样也能发家致富。

源头村部（刘德祥/摄）

　　"随着人民生活水平的日益提高，住在城市里的人都向往山清水秀的地方，大自然的青山绿水就是一座座金山银山，就是财富的活水源头。"源头村党支部书记冯文新说，"我们村有不可多得的自然资源优势，发展乡村旅游将成为一项持久长效的富民产业。"近年来，源头村在福建农林大学旅游学院的指导和帮助策划下，依托丰富的自然、人文等旅游资源，全面整合山、水、林、田、河和农耕文化、民俗文化等元素，发展特色乡村旅游，建设"小生活、小享受、小趣味"的乡村旅游环境，以"飞龙瀑布群"和生态公益林为亮点，点线面串联，采取"做足慢村时光、做亮乡野美景、做活源头之水、做响柔美家园"四大举措，合理布局乡村旅游项目，从而带动村里的产业发展、村民致富。

　　在发展乡村旅游的同时，源头村不断完善基础设施建设，先后进行道路扩建，村容整治，建起了农民公园、老人幸福院、生态水系长廊，修葺"飞龙瀑布群"沿线步道和景区休闲凉亭……以乡村旅游带动乡村建设，让乡村建设促进乡村旅游发展，将乡村建设与景观打造相结合，让生产、生活、生态与旅游发展有机融合。经过几年的不断努力，这里的景村一体化已逐渐现出雏形。

发展乡村旅游，最重要的是要抓住游客的胃，留住游客的心。登山栈道、溪流慢道、千年古道、乡间小道等充满浪漫风情的道路，可满足游客"行"在源头；贵妃白玉笋、源头八宝饭、酸辣小笋等地道的源头特色美食，能吸引游客"食"在源头；邻水居、幸福苑等以竹木为装饰特色的民宿，可让游客放心"住"在源头。

随着村庄环境的优化和乡村旅游的发展，村子也变得越来越热闹，来旅游的人多了，村里的笋干、竹荪、蜂蜜、灵芝等农产品成了"香饽饽"。据介绍，今年该村特产的2000多千克"贵妃白玉笋干"，目前已销售一空。"仅'贵妃白玉笋干'这项产值就达20余万元，加上其他春笋、冬笋和竹荪种植等，竹产业的产值达200余万元，村民的人均纯收入由十几年前的2000多元增加至现在的1万多元，翻了好几番。"谈起村里的变化，冯文新喜上眉梢，他说："接下来，我们还将对村里的生态旅游资源进行升级包装，完善基础设施建设，让游客来到这里，住得舒适、玩得开心，农家的特色买得放心，让绿水青山真正成为金山银山，让源头之水成为财富活水。"

王柏情未了

Wangbo Qing Wei Liao

◎ 谢荣华

村情： 王柏村民委员会以驻地王柏村为名。村初名为店仔塔，坐落在东南山田边。后传虞厝塔出草寇被清剿，凡村名有"塔"字均要清剿，于是，此村百姓急忙把村移到西北山麓下。当时村人都姓黄，为了安居，能像松柏一样万古长青，改村名为黄柏。新中国成立后，黄氏逐渐减少，而王氏兴旺，20世纪60年代改名王柏。

清属仁风里，民国属山下乡。1950年，属第四区。1952年，属第五区山下乡。1956年，属临江区山下乡。1958年，属临江公社，称王柏大队。1961年，属山下公社。1984年，改称山下乡王柏村委会。位于浦城县西南部、山下乡西南，距县城42.1千米，东至源头村，西至小溪村，南至武夷山市，北至山下村。辖王柏、桥头、下南溪、上南溪、高塘、北斗、陈家、新基、里炉坑、狮子洋、观竹前、富竹头12个自然村，设14个村民小组。428户、1553人，其中男性801人。人口较多的姓氏有李、王。土地面积11.2平方千米，其中耕地1698亩，均为水田，人均耕地1.1亩，山地面积13280亩，其中生态公益林1200亩，松、杉、杂用材林1600亩，竹林11000亩（人均7亩），是市级生态村。主产稻谷。土特产品笋干，注册有王柏黑笋干商标。还有毛竹、食用菌竹荪。专业合作社有浦城县山下王柏笋干专业合作社。学校一所，幼儿园一所，有卫生室。建有广场，面积600平方米，所有自然村均装有路灯，南溪至狮子洋道路全路段硬化，桥头至南溪道路拓宽，并硬化。有村道通867县道。

王柏村部（刘德祥／摄）

　　鸡公岭前点灯岗下的廊前畈是枫溪凹外少有的一片平洋阔畈。它规整，膏腴，哪怕是御风而来的"旅葵""旅谷"入土发芽，也可养育百千大山的子民。在廊前畈东端有块荒草萋萋被山民百姓唤作"虞姬硿"的坡地，大山之间少有这么大块的荒地。立此间，面朝王车岭则背对王柏村，直线距离不多不少各 3 里；左手侧过点灯岗经花桥有村叫王墩，右手侧过鸡公岭东麓的郭下顺流往东有村叫王口。说是说王口，可当地方言是三音节的村名，谐音为"王你苦"。王墩、王你苦村到虞姬硿的直线距离约 6 里的样子。2006 年 6 月的一天，万千山峦环峙的山下乡与相邻的临江镇锦城村，在考古发掘中，出土径宽 33 厘米、厚 6 厘米的玉璧，是当年中国考古十大新发现之一。专家们相一致的意见是，玉佩的形制也完完全全是中原地区至迟不晚于战国时期的模样。查《浦城县志》可知，锦城又名旧城，是西汉初年一个叫东越国的割据政权的王城，有专家依据废墟中出土的"未央"阳刻瓦当认定为汉阳城。隔行如隔山，此论断当否不妄加评判。然而虞姬硿是确实的存在，它周边那些带"王"字的地名也是确实的存在！更让你惊悚而诧异的是，廊前畈正北面的缓坡降到山下村北缘的地方有一社庙叫"虞姬社"，仿佛此村阴曹里的地方行政长官名叫虞姬！——此间会否是虞姬以玉璧等宝器向东越王无诸购得的采邑？多少感天动地的人间悲喜剧，都让给能人写手去演绎，去穿越，宣传王柏村之前，我只做这些铺垫。如此穿凿附会，是不是文艺青年的光环再次在两鬓斑白的脑门子间闪现呢？然而王柏村是我最钟情的一座山村。整个20世纪80年代，人们打结婚家具都拼花，用白果树漆树芯和花梨木锯成薄片，以牛胶在家具的显目位置粘贴出各式几何图形，美轮美奂！白果树漆树芯找到了，花梨木却难找！有朋友说，你何不去王柏村的村口，掘一截花梨木的侧根来用？讨老婆心切罢，我真的去掘且以马刀锯裁了一截回来。嗬！锯成的薄片漂亮极了！光掘来的这一截花梨木的侧根，就解决了十几位如我这样的男青年打结婚家具拼花上的难题。所以在我的记忆深处，王柏，其实没有柏树，就一根百十年前被人伐走了的花梨木树桩在村口上，经年里锯的锯劈的劈，到我去挖掘时，还剩余村民百姓割稻打谷用的榾桶那么的一堆趴伏在村口边的泥层里，不经人指点，谁知道那黑熊冬眠般趴伏在泥层下的树桩是花梨木？王柏村毛竹却很多。我们观前老谢家是南浦溪航运竹排制作世家，这种竹排，要17根竹子以杉木蒹串联拼成。我祖父告诉我说，前溪竹的竹肉脆不好用，好用的是后溪竹。我的老家观前村夹南浦溪与临江溪之间，是个典型的半岛型水乡。习惯上人们将流经村前的南浦溪称作前溪，将汇流于村尾的临江溪称作后溪。可是视野之内无论前溪后溪，除了溪岸上细如手指的黄竹子外，哪有可烧制竹排的毛竹？做手艺的师傅一般都有脾气，他才懒得给你一二三、三二一地解释那么多嘞，你问你的他说他的："最好是王柏的竹子，选白露这一天，

王柏村（柳良金／摄）

砍一叉三指的当年生新竹。"所以，打很小时候起，我就对王柏这个地方极其神往。我的第一个工作地，就在前文所述的虞姬砬上兴建起来的山下中学。与王柏距离近，又年轻好动，于是跟王柏的交集就密切了起来。那时候，神州改革开放才刚刚起步，王柏人利用资源优势日子过得是相当红火！于是平地里冒出了一批做冬笋长途返运的生意人来。人民公社化末期大队这一党的基层组织还在，支部书记江火元是位满头白发的老人。一次我们私聊，我好奇地问，你们竹山那么赚钱，干吗唉声叹气？他说，昨天村里有人运了一车冬笋去杭州，恰巧碰到江西人也大批量运去。货到地头死，赔了本！今天他才凑齐收购一车冬笋的钱来却怕赔了本对不起三亲六眷。我那时候也是假聪明，再则出于这样一层考虑：赔本赔你的，赚钱有我出主意之功，就劝他说，他们赔本江西人也赔本，这两天肯定没大批量的笋发送到杭州，放心大胆收笋、运笋。果然狠狠地赚了一大笔！在那个信息严重不对称的年代，我竟盲人摸象替江支书下决心助了一把力，从此我们成了忘年交。这天傍晚老江叔捎口信把我请至他家，黄豆还炒在锅中，大碗的糯米酒就端来在灶门前火塘边的凳头上。对饮不久，炒香的黄豆也搁上了凳头。正喝着，老江叔神秘兮兮地问："你是怎么算到今天可以出货的？"酒劲上来的缘故，我就天时地利人和地胡乱跟老人摆弄了一通，亏得他一头银丝，捣蒜似的点头不已。临行，老人将碗中剩余的炒黄豆一股脑儿全装进我的衣兜里，说，天冷路不好走，有豆子磕磕不怕没伴。这以后还有到他家竹山上挖春笋，挖一条未出泥的大笋净重 29 斤 6 两！刨这根笋我是根本没招，老江叔一边开沟一边在齐腰深的沟底开导我说，这是笋麻（母笋），留起来将来遍山都是大竹大笋！那竹笋须根还正发育，红红的一粒粒整齐排序，每一粒，都有指甲盖那么大。往事如烟！据说老江叔去年才过世，也算高寿了，只是与其后辈没有交往信息不通留下些许遗憾！我们教书的人，总把别人的成功算到自己账上。从教至今 40 年，亲手将孩子承托着考上清华大学的仅一人，无巧不成书，这个孩子就是家住老江叔门头礓磉下的王柏人。这是一块可以出大才的风水宝地。

水门村踏访

Shuimen Cun Tafang

◎ 徐家强

村情：水门村民委员会原驻水门自然村，相传村对面有一座灯盏山，会引起村庄火灾，村名有"水"字，以之克水。村前有河，出门见水，故名水门。1964年，迁雷公桥。但村名仍沿用旧名水门。雷公桥始建村时，村口古道有一座雷公桥，故名。清属仁风里。民国属山下乡。1950年，属第四区。1952年，属第五区山下乡。1956年，属临江区山下乡。1958年，属临江公社水门大队。1961年，增设官岭大队。1964年，官岭大队并入水门大队，驻地搬迁至雷公桥，仍称水门大队。1984年改称山下乡水门村委会。位于浦城县西南部，距县城38.7千米，距乡所在地7.5千米。东至铁场村，西至枫溪乡，南至山下村，北至永兴镇。辖水门、雷公桥、葡萄源、官岭头、官岭下、上横、岭下7个自然村，设12个村民小组。361户，1337人。其中男性710人。左、李、毛、张姓人口较多。半岭、官岭下、官岭头为革命老区自然村。

辖区土地面积14.123平方千米，其中耕地1380亩，均为水田，人均耕地1.03亩。山林面积14340亩，其中生态公益林3024亩。杉、松、杂用材林3892亩，经济林2064亩，竹林6360亩（人均4.76亩）。植物资源有杉木、毛竹，有浦城最大的苦槠树。动物资源有野猪、麂、野兔等。主产稻谷。土特产品有春冬笋、笋干、食用菌竹荪、黑木耳、蔬菜。专业合作社有浦城县山下乡水门食用菌专业合作社、浦城县水富食用菌专业合作社、浦城县生富林下养殖专业合作社、浦城县紫明林下种植专业合作社。

有初级小学1所，村有卫生室、图书室，广场面积100平方米，全面普及自来水，自然村均有路灯，通客运班车，每天往返4趟。

水门村部

水门村，雷公桥村，官岭下，蝙蝠井，都是地名。土，却流露出浓浓的崇尚自然的纯朴气息。

10月14日，我们一行专门造访了该村。约9点，在村委新老书记的陪伴下，我们第一站便游览蝙蝠井。

意料之外，蝙蝠井离水门村部仅3千米，车往枫溪往武夷山方向开过去只需几分钟。蝙蝠井在山下和枫溪交界的群山中，是水门村狭长山涧的源头。停车后，一通深呼吸，空气清美，秋山环绕，层林尽染。沿整治中的山道走了约两百米，便听到一股轰鸣。书记说：蝙蝠井到了。抬头，两山交汇之处，有一明显的凹陷，看得出是一道瀑布的痕迹。只是7月之后，便断了流水。而右边，高约30米的一道瀑布，丝绢一样，一卷一卷地落下来。溅落在潭中的水，荡漾开去，碧蓝清澈。左边的山脚，有一块凹进去的岩壁，发出浓浓的凉意。据说，这块岩壁上，曾栖息过大量的蝙蝠。我们去的时候，一只蝙蝠也没有，但不妨碍它就是蝙蝠井名称的来由。春暖花开时节，两股瀑布若双龙交汇，又若龙凤会合，终日云蒸霞蔚，蔚为壮观。蝙蝠井，乃龙之爱穴，能不大畅大美吗？

游完蝙蝠井，我们过溪穿涧，沿古旧山道左穿右绕。下行约一千米，听到一处巨大的轰鸣。沿陡峭的山坡攀爬下去五十来米，一支数百年的断木横卧涧中。断木长七八米，呈自然倒伏，约两人合抱，苔藓深绿。断木的左边，一道瀑布，几经回旋之后，形成强大冲力，探出龙头，落差虽只有十几米，却发出巨大的轰鸣。这也叫钟潭。此瀑落在潭中，似晨钟暮鼓，声若天外。据说，此潭水深不可测。这里放一只鸭子，可以在永兴后洋村的龙潭井里游出。在此稍息三五分钟，不仅浸透幽深的寒意，轰轰的鸣响也会深刻地烙进你的听觉里，好一会儿才能淡出。

从枫溪过来的这条山涧，时隐时现地穿过一条古道。在钟潭的上方，便是古道的寨门槛。两边的石墙见证了这里是枫溪和山下古时候交界的状态。沿右边下山的古道走约几百米，有一孔鹅卵石彻就的石拱官桥，叫官岭下。据说古代的官人在此都要下轿，为这里的深山险岳赞叹祈福！这是从武夷山下梅村穿过来的茶马古道，这是从宋朝穿过来的千年古道。站在这里，多少历史的风烟，如这秋天的云，时卷时舒。

水门村幸福院

水门，是南水源和下水船溪交汇的地方。雷公桥上，仍有民国年间建造此桥石匠和木匠的大名。桥对面的土墙上，有20世纪50年代大跃进时期提倡男女平等，"男赛女，女赛男，妇女要做英雄汉"的标语。

这些都是水门村土得掉渣、未经雕琢的景点，但它们和蝙蝠井、钟鸣井一样纯朴天然，别具一番风味。

水门，对国人熟悉的尼克松而言，是一道万劫不复的深渊。而对万里之外的中国福建浦城，水门，却是一方福地。水门无门有涧，涧水潺潺；蝙蝠井无蝙蝠，春有双瀑交欢，秋遗一瀑挂念；雷公桥无雷公，却年年起惊雷佑水门路路通。这个深山秀水、清净纯朴的世外桃源，这个融合了自然历史人文红色基因的小山村，不值得我们深深期许吗？

山下传说

Shanxia Chuanshuo

◎ 张恒达

　　村情：山下以村民委员会以驻地山下自然村为名。山下，初建村时称虞厝塔（现中学处），后被草寇剿毁。幸存者迁居廊前（现山下村河对面田畈）。在廊前兴盛时期，有上百户，后衰落迁龟山下，因名山下。

　　清属仁凤里。民国属山下乡。1950年，属第四区。1952年，属第五区山下乡。1956年，属临江区山下乡。1958年，属临江人民公社，称山下大队。1961年，属山下公社，称山下大队。1984年，改称山下乡山下村委会。为乡政府所在地。位于浦城县西南部，距县城38.9千米，东与铁场村相邻，西至小溪村，南与源头村、王柏村交界，北与水门村相连。辖山下、黄墩、富处、水尾、外王口、里王口6个自然村，设8个村民小组。410户，1256人，其中男性631人。人口较多的姓氏为詹、李、王、冯。

　　辖区土地总面积9.16平方千米，其中耕地1704亩（水田1517亩），人均耕地1.36亩，鱼塘1.2亩。山地面积8580亩，其中杉、松、杂用材林6100亩，竹林2300亩（人均1.83亩）。动植物资源有毛竹、杉木，野猪、麂、野兔、猴子。主产稻谷。土特产有笋干、竹荪等，有竹器厂一家。有淘宝电商一家、小超市一家。有浦城县山下兴竹笋竹专业合作社。

　　中心小学、山下中学设此，有村卫生所。全面普及自来水，通村公路硬化。山下村是全乡的交通中心。公路未通前，来自崇安（今武夷山市）和枫溪乡7个村的五基凹、箭竹凹两条古道经过山下出临江、石陂，浦城通往崇安的官岭凹古道亦经过山下村附近的水门村。今867县道经此，客运班车每天往返6趟。

山下村部

　　我和山下的缘分是与生俱来的。不管枫溪凹外那些山下土著认不认同我们这些枫溪凹往里的"凹底佬"，我一出生就是"山下人"。没有搬家，没有迁籍，原地不动，那一年我却被排除出"山下人"的队伍——因为1986年枫溪等7个行政村从山下乡析出，成立了枫溪乡。

　　小时候觉得山下很远，从我家到山下乡驻地有三十几华里，都是走山路，在那个山里人完全靠腿走肩挑的年代，山下真的好远。我至今还记得，那一年考上师范，为了筹集学费，早上天还没亮就起床，吃过"早丢"，和爸爸各人挑着几十斤笋干，走几十里山路，去山下圩场售卖的情景。

　　在我的印象里，山下很繁华，圩场里各种商品、土特产琳琅满目，街上赶圩的人摩肩接踵。山下土著更是透着一股优越感。我一直没弄明白，这里叫山下，既没有一座高山，更没有一座名山，这是为啥呢？

　　巨鹿之战，项羽消灭了秦军主力，瓦解了大秦军民的抵抗意志，让刘邦得以迅速攻入咸阳，终结了大秦王朝。项羽在得到楚怀王的同意后，自立为西楚霸王，并分封了参与反抗暴秦的十八路诸侯。

　　大秦王朝覆灭，项羽终于报了国仇家恨。连年征战，项羽已经厌倦了打打杀杀的日子。所以，分封完各路诸侯，项羽就急着赶回江东，准备和心爱的虞姬一起开始一段新生活。

可是，树欲静而风不止。以刘邦为代表的各路诸侯没有一个安分的，总是不断搞事，让人不胜其烦。项羽终于明白：只有远离争权夺势、钩心斗角的漩涡，才能真正过上自己想要的生活。于是，在垓下那场战役中施了金蝉脱壳之计，带着虞姬，在闽越王无诸的帮助下，前往闽越国。

项羽一行长途跋涉来到浦城。从临江顺着南浦溪的一条支流——也就是现在的山下溪，溯流而上，一路向西，走了大约 30 里，来到两条溪流交汇处，他们沿着左边那条溪流，往西南面的山谷继续前行，又走了大约 10 华里，来到一座大山脚下。只见这里群峰拱卫，茂林修竹，清溪如带，流水潺潺，好一番洞天福地的气象。他们决定就在这里安家了。为了腾出一片可供驻扎和耕种的地方，西楚霸王拔起最高的那座山，把它往西边一扔，落到了枫溪胡推村与武夷山交界处，因为这座山是西楚霸王拔起扔过来的，人们就叫它大王山。拔山腾出的那一片平地，就是现在廊前畈和山下街道那一带。

"劳君问流落，山下已躬耕""几间茅屋青山下，赢得浮生避世喧"，项羽他们安顿下来形成的这个村子就叫山下村。当初西楚霸王走过的，两溪交汇处西南面那个谷口，人们就它叫"王入口"，书面称为"王口"，但在当地方言里一直都是三个音节的。

项羽喜欢柏树，就在山下村南边三四里处栽了许多柏树。这些柏树因为是西楚霸王亲手所栽，人们称之为王柏。万物有寿，岁月无涯，两千多年过去了，当初西楚霸王亲手栽的那些柏树早已湮没在岁月的尘埃里，南边那个村子仍然名叫王柏。

项羽和虞姬隐姓埋名，与世无争，幸福地度过了后半生。多年的隐居生活，使曾经叱咤风云的西楚霸王早已返璞归真。项羽死后，他的后人把他埋在山下村西边二三里处。他的坟墓只是一个土堆，人们叫它王墩。沧海桑田，土堆已经找不到了，西边那个村子名字还叫王墩（书面写作"黄墩"，在当地方言中"王""黄"同音）。

虞姬死后，后人为了纪念她，为她修了庙宇，叫虞姬社。年龄稍长的人都还记得，以前的虞姬社就在老公社原址旁边，雕梁画栋，气势恢宏。由于历史原因，被拆除了。

航拍山下村（柳良金／摄）

　　这不是架空小说，而是这次采访，卜峰老先生和我讲述的关于山下的传说，正好解开了我一直以来的困惑。

　　有关项羽和刘邦的这段历史，我还是比较了解的。按照个人喜好，我更喜欢项羽，他至情至性，不像刘邦花花肠子那么多。经常叹息西楚霸王的悲剧结局。卜老先生讲的这个版本看似荒诞，但西楚霸王和虞姬能有这样的结局，让人忍不住就想接受了——至少我就是这样。

　　老卜的讲述和史书记载出入实在太大了，简直颠覆了我的认知！我提了两个疑问，其一，楚国和闽越国一直不对付，在分封诸王侯时，项羽就以"楚越旧隙"为由，没有分封无诸为王，无诸为什么会帮助并接纳项羽入闽呢？其二，虞姬在项羽垓下突围之前就自刎了，又怎么可能和项羽一起入闽呢？老卜说，无诸和项羽共同抗秦，也算是"一起扛过枪"的战友不是，他们"相逢一笑泯恩仇"并结下深厚的友谊也不是不可能的。项羽没有封无诸为王侯是因为不能封，项羽的亲信不是也一个都没有分封嘛。

再说，无诸封不封王侯只是一个称号而已，闽越国本来就在无诸的实际掌控之中；虞姬自刎都是《霸王别姬》的戏文里这么说，就算史书都不一定可信，出于政治和意识形态需要，史书记载的不一定是史实。他说，大家都在传，明成祖朱棣派遣郑和下西洋是为了寻访建文帝朱允炆的下落，很多传言并非空穴来风，谁又敢肯定后来汉武帝征讨闽越国的真正目的不是为了查找项羽的去向呢？老卜还神神秘秘地告诉我，山下出美女，那是因为遗传了虞姬的基因，虞美人的后代岂能长歪了不是？

这次采访，眼观耳闻，如今的山下和我印象中的山下已经大不同了，街道更宽了，河水更清了，各种设施一应俱全，各种产业蒸蒸日上，人们优雅从容的，透着一股出尘的气质。受益于得天独厚的地理环境，得利于党的乡村振兴战略，不管有没有遗传了楚国贵族的气质，我相信山下人将会活得更加优雅从容。

小溪 水甜甜
Xiaoxi Shui Tiantian
◎ 赵真友

　　村情：小溪村民委员会以驻地小溪村为名。村右有一山涧小溪倾泻而去，溪畔长满小竹。"筱"（同篠）是小竹，因名筱溪。"篠"是一个非常诗意的字，唐大诗人杜甫《狂夫》诗有"风含翠篠娟娟净，雨裛红蕖冉冉香"。"筱"通"小"，后简笔，改为小溪。整村搬迁到山下小溪新村后，村名延用。

　　清属仁风里。民国属山下乡。1950 年，属第四区。1952 年，属第五区山下乡。1956 年，属临江区山下乡。1958 年，属临江公社山下大队。1961 年，属山下公社，称小溪大队。1984 年，改称山下乡小溪村委会。位于浦城县西南部，距县城 38 千米，在乡政府南面，距离 1 千米。东至山下村，西至枫溪乡，南至王柏村，北至枫溪乡。辖小溪、小溪新村、水源寺 3 个自然村，设 9 个村民小组。289 户，1066 人，其中男 544 人。人口较多的姓氏有祝、毛、詹。土地面积 11 平方千米，其中耕地面积 1108 亩（水田 1108 亩），人均耕地 0.76 亩。林地面积 18100 亩，森林覆盖率 95%，其中生态公益林 2780 亩，杉、松、杂用林 3210 亩，经济林 310 亩，竹林 11800 亩（人均 11.2 亩）。是国家级生态村。动植物资源有毛竹，野猪、山羊、猴子、山麂等。旅游资源有万亩竹海、古树群等。主产稻谷。土特产有笋干、稻田鱼、竹荪、香菇、草药等。村有小超市 3 家，专业合作社有浦城县小溪毛竹专业合作社、浦城县泓瑞蔬菜专业合作社、浦城县信东林下种植专业合作社 3 家。广场面积 3000 平方米。县道 867 在其村旁经过。获浦城县 2012 年度"美丽乡村建设十佳村"，南平市第一届文化明星村、南平市 2012—2014 年度"文明村"、南平市四星级美丽乡村、第六届全国文明村。

农民公园（刘德祥/摄）

中秋桂生香，田园显秋光。友人相约去铁场山下走走，听说小溪新村建在山下。

山下我去过，去的也是小溪村。40年前陪学友去相亲，面包车一路颠簸，行至山下街，媒人和学友的母亲吐了一车。随着挑回销粮的粮队爬坡上岭走了一个半钟头，来到了小溪村的长岭下。

放眼望去，泥墙黑瓦现沧桑，竹瓦茅房歪歪欲倒，鸡猪牛犬弄头逛，天嘞，猢狲丢了团的地方，说老婆说到这里，以后抬婚担要抬死人呢！

主人客气，炒花生瓜子又上茶，从炒菜锅里打出的水，咸、酸、油、辣五味俱全。没办法、东家烧水没茶壶啊。

他说"小溪源头出美女"，没错，妮子不敢说差，虽然衣着不光鲜，但很俊俏，也很乖巧。无奈兄弟姐妹众多，两个哥哥而立之年未成家，指望妹妹的彩礼讨老婆。谈婚论嫁，越穷越啰嗦，谈翻脸了，下山的路上心情不好，路边的山泉喝了都嫌苦涩。媒人也感到难堪，说句解嘲的话："不成也好，省得以后抱着外甥拜外婆年难走。"小溪村给众人留下深深的印象：穷。

庚子年秋，随文友重返铁场山下，路平心舒，一路秋光无限，一眨眼来到山下街。

放眼望，山下溪河岸规整，河水清清，顺溪新村粉墙蓝瓦，楼宇林立。公路桥和老廊桥遥相呼应。

过廊桥漫步新村，宽敞的沿街双车道旁，楼房井然有序。宾馆、超市、幼儿园、加工厂、农产品展示中心和蔬菜肉摊，五脏俱全。村民公园宽敞靓丽、绿化带姹紫嫣红，红旗飘扬的地方不用问，是现代化的服务中心（新村部）。小溪新村，规划真超前。

找个当地人问问，"是小溪新村的二期造福搬迁工程，我们都是从山上搬下来的村民"。

见到了村支书毛信昌，想了解点具体情况。"别急，我先陪你们四处看看再说。"上车后的第一站是水源寺。

一路真美。群山起伏，云遮雾绕。放眼远眺，山连山，弯连弯，竹海接青天，溪涧连古道，两旁是梯田，深秋稻谷黄，风吹翻金浪。

停车山脚下，真凉爽。方圆百亩的古树林，碑记上刻的是水源寺古树群保护碑。这片树林至少几百年，枝繁叶茂干苍虬，枝头上飞鸟吱啾，生机一片。登上横跨小溪水口的观景长廊，在古色古香的长亭上落座。

山风夹带着浓郁的枫香，像玉女柔嫩的纤纤小手，自脸颊到肩背，将人们抚摸得如痴如醉。水源寺，寺在何方，有主持和尚吗？收不收逃世的出家人？话一出口，成了文友的笑柄。这有什么奇怪的，难道一群人中唯独只有我这么想吗？

毛支书告诉我，在当年最穷最苦的岁月里，曾有商人来这里，想高价买走这片古树林。饿死不吃看家犬，穷死不卖祖宗林，绝对不行！这片林木保住了，成了当今的风景线。

下山到了水源寺，两旁洋楼沿街往水源头延伸。廊桥上的农家犬，卷曲四足在养神。司空见惯了，都是远来的观光客，吠你干什么？它大概这么想。

水源寺小村，水的源头。水潭中一群群野生鲃鱼闪动红紫间隔的鳞光，潭边细沙中的螃蟹正张开大钳伺机捕捉大意的青虾。岸边累石上，水菖蒲散发着浓浓的药香。捧一掬清溪水尝尝："呦，有点清甜。"

大坪里的民宿楼，由电站宿舍改建，水电线缆通了，电站停用了。青砖黛瓦木楼梯，前瞻青山翠竹林，后望梯田，满目稻黄丹桂红。隔间的木板，散发原木的清香，餐厅厨房，木桌木凳土灶头，案板上的高山瓜果茶，看一眼都馋。农家乐，家的味。

这才是小溪村的第一期造福搬迁工程，十几年前，苦怕了的山民，闻到了山外改革开放的味，做梦都想逃出大山，哪怕招赘都要远走高飞。有的人正筹划搬往崇安县，也有二三十户村民举家搬往石陂和临江投亲靠友落户去了。没办法，太穷了啊！

"要想留住人，就要抱团干！"在毛信昌支书的带领下，听话的村民硬是一锤锤、一锹锹，凿出了一条从山下街通往山村的路，用汽车将水泥、钢筋运进了山村，建起一座座居民楼，山上的农户实现了安居梦。

有路能添财，守住当柴烧的毛竹卖出去了，年年滞销的闽笋也值钱了，山民小康了。

几年后，尝到了甜头的山民在村两委的引领下，在山下街南面筹集资金完成了二期造福搬迁工程，两百多户人家从穷窝里搬进了安乐窝，连贫困户也住上了造福楼。

"过上好日子，不忘开拓人"，村民们告诉大家，毛信昌当村支书36年，想到的是为村民，自己从不揽生意，也没有在外面办企业，除了微薄的村干部补贴外，生活开支靠老婆的教书工资。每项工程，是他满打满算抠了又抠才完成的。

悠悠小溪水，满载村民幸福梦。为让村民更幸福，村两委绘出了更新的蓝图：借助绿水青山资源，辟竹海水源景观，建农事体验乐园，栽上四季水果，办好农家民宿餐馆，做强笋精制企业，以山养山，做强旅游，让大巴车开进山，让游客"望得见秀丽山水，听得见虫鸣鸟欢，尝得到特色美食，让人们益寿延年"。

说话间，见到了城里的熟人，她也是从城里嫁下来的，如今成了笋厂的老板娘。聊起了家常："很好，小溪村不比城里差，房好住，路走好，菜好吃，空气好，连水都甜！"

　　村情：里场与外场合称铁场。村民委员会以此为名。古时在此冶铁，作为周围炼铁的中心点，因名铁场。清属仁风里。民国属山下乡。1951 年，属县第四区。1952 年，属县第五区铁场乡。1956 年，属临江区铁场乡。1958 年，属临江公社，称铁场大队。1961 年，属山下公社。1984 年，改称山下乡铁场村委会。位于浦城县西南部，山下乡东南部。距县城 34.2 千米。东至临江镇，西至水门村，南至铁坑村，北至永兴镇。辖绘厂、外场、里场、小铁坑、丁元 5 个自然村，设 9 个村民小组。308 户，1142 人，其中男性 609 人，翁姓、张姓人口较多。

　　辖区土地面积 13.27 平方千米，其中耕地 2740 亩（水田 2440 亩），人均耕地 2.39 亩；鱼塘 300 亩。山地面积 26780 亩，其中生态公益林 815 亩，杉、松、杂用材林 10000 亩，经济林 12293 亩，竹林 3672 亩（人均 3.21 亩）。为省级生态村。矿产资源有铅锌、铁、萤石等。旅游资源有龙潭峡谷（情人谷）景区。动植物资源有山羊、红豆杉等。主产稻谷。土特产有笋干、莲子、稻花鱼，食用菌香菇、竹荪。传统习俗有：农历六月初六，善缘寺求姻缘香会；农历七月初七，龙潭峪谷景区举办七夕情人节、文化节；农历八月十八日，龙王庙举办闹龙会，办千人宴。

　　境内有农家乐 4 家，小超市 1 家。专业合作社有浦城县幸福老家农特业发展专业合作社、浦城县顺鑫农林发展专业合作社、浦城县达达淡水鱼养殖专业合作社 3 家。

　　有初级小学 1 所，村有卫生室、图书室。农民休闲广场面积 1000 平方米，全面普及自来水，通村道路硬化，自然村有路灯。村位于县道 867 两边，客运班车每天往返 6 趟。

铁场村部（刘德祥／摄）

　　2016 年之前，我对山下乡铁场村几乎一无所知。这一年，铁场村的情人谷景区要举办首届"相约七夕"诗词歌咏大会，我也参与其中，才对这个神仙与龙女钟情的地方有了初步了解。

　　铁场村地理位置特殊，东联临江镇井栏村，北接永兴镇，与枫溪西邻，跟武夷山交界。这个村位于县道两边，距离国道、省道都很近。在山下乡，这个村属于交通较为便利的村庄，这就为经济的发展提供了较为有利的条件。长久以来，铁场、山下是密不可分的。铁场村的上场自然村清代称为长风街，是现在的山下乡和枫溪乡一带的集散中心，人口密集，一度繁华喧嚣。清代后期，国家遭遇战乱，土匪在此肆虐，硬生生将长风街的财物洗劫一空，人员诛杀殆尽。长风街从此湮灭在历史的风烟里。这里的集散中心后来迁到山下村去了。

　　明朝时期，这里是仁风里韩香社衢溪村。那么后来衢溪村为何又叫铁场村呢？我喜欢顾名思义，猜想可能这里曾经有丰富的铁矿资源吧。这还真被我猜对了。据史料记载，古代铁场村这一带有着丰富的矿产资源，分别是硫黄矿、铁矿、锰矿、铅锌矿。明朝末年及清朝中期，这里大量开采矿石，且提炼出来的金属多数为铁，加上附近有好几处炼铁场，后人就把这个地方称为铁场了。

铁场村不仅矿产资源丰富，而且山清水秀，历史文化悠久。这里有许多美丽传说与奇风异俗。铁场村祈爱山有座七仙女庙。庙的后面有块公鸡岩。传说古时候衢溪里有一只蛤蟆精，每天吞云吐雾作怪，弄得村民分不清早晚，生活非常不便。后来，七仙女带来一只金鸡下凡，喜爱此方山水，便暂栖祈爱山上。每天金鸡都要啼鸣报晓，让人们早早起来开始劳作生活。蛤蟆精觉得搅了它作怪，心里不爽，就和金鸡斗法。七仙女在它们斗法之际，把蛤蟆精变成了石头。于是，蛤蟆精就趴在衢溪里了。七仙女不放心，怕蛤蟆精会活过来，就让金鸡在祈爱山上长期看守蛤蟆精。后来，七仙女离去，金鸡慢慢地就变成了金鸡岩。当地人们为了纪念七仙女就在祈爱山上修了七仙女庙。

在小铁坑与临江镇井栏村交界处还有座老虎山。传说曾有一只老虎精守在山口，村民无法上山。后来有位得道仙人经过此山与之搏斗，最终打败老虎精，并用大岩石将老虎精镇在山底。曾经，村民经过老虎山有时会腰痛，就在山上砍了一根柴火棍，靠在岩石上休息片刻，腰就不痛了。至今，人们经过老虎山都要砍一根柴火棍，休息时撑撑腰，久而久之就形成了一种习惯。

山不在高，有仙则名。水不在深，有

情人谷景区

龙则灵。铁场村的许多美丽传说为它平添了几多神秘色彩。上苍眷顾此方山水，为铁场村馈赠了一笔丰厚的旅游资源。铁场村山有仙居，潭隐龙女，可谓摸到一副好牌。铁场村的几任干部也不枉负这副好牌。从 1980 年

到 1982 年间，村老支书许贵孙一心为村民着想，带领村民修建了自然村连接处两座石拱桥，改善村里的交通状况，继之，又兴修水利，改造千亩稻田。然后，连年引导村民营造近两千亩的经济林，让村民人均收入翻番。他一心扑在引导全体村民脱贫致富的事业上而无暇他顾，结果，自己却直到 2017 年才脱贫。2013 年，新村支书张留钦上任，张支书思路活，眼光独到，挖掘本村旅游资源，积极引进福建龙潭峡谷旅游开发公司进行合作，精心打造"情人谷"旅游景区，为乡村旅游振兴闯出一条新路。

犹记得，张书记一出手就是"情"字大手笔。2016 年的七夕节正处"情人谷"初创期，一场"相约七夕"的诗词歌咏大会拉开大幕。铁场村广发邀请帖。省市县诗词楹联嘉宾、文化名人齐聚秀美幽谷，诗词歌舞，挥毫泼墨，拨弦吟诵，共襄盛事，共赢得：掌声雷震飞天外，笑语如潮荡谷中。可谓借得东风三千顷，一夜催开万树春。经济搭台，文化唱戏，一炮打响。文化突破，多点开花，持续发力。2017 年开始，龙潭峡谷景区一峡三谷、六曲九瀑以全新的面貌、独特的体验，迎接八方宾客，为人们避暑踏青、谈情说爱、寻幽览胜提供了绝佳场所。同时，旅游兴旺也带动了农家乐与特色经济的发展。这里的青山绿水为村民们献上了金山银山，铁场村贫困户先后悉数脱贫。

现在，铁场村干部们正以各种创新模式为依托，创建各种专业合作社，做活"情"字大文章，引导农民振翅奔小康。真是：铁场有幸成仙境，造化钟灵靠党恩。情系龙潭蹊径辟，欢宾潮涌满园春。

铁坑秋韵

TieKeng Qiuyun ◎ 周连芹

村情：铁坑村民委员会以驻地铁坑（又名大铁坑）自然村为名。铁坑以有挖掘铁矿的大坑道而名。清属仁风里。民国属山下乡。1949 年，属县第四区。1951 年，属县第五区铁场乡。1956 年，属临江区铁场乡。1958 年，属临江公社铁场大队。1961 年，拆置为铁坑大队，属山下公社。1984 年，改称山下乡铁坑村委会。位于浦城县西南部，距县城 40 千米，距乡政府 9 千米。东至临江镇，西至源头村，南至石陂镇，北至铁场村。辖大铁坑、寺元、坪洋、大王山、岭子头、吕山岩 6 个自然村，设 10 个村民小组。300 户，1062 人，其中男性 565 人。张姓、吴姓、叶姓人口较多。坪洋为革命老区自然村，中共闽北地委曾驻此。

辖区土地面积 17400 亩，其中耕地面积 2420 亩（水田 2400 亩），人均耕地 2 亩；鱼塘 7 亩。山地面积 10500 亩，其中生态公益林 4906 亩，杉、松、杂用材林 10500 亩，竹林 4500 亩（人均 4 亩）。动植物资源有野猪、竹、杉木。主产稻谷。土特产品有烤烟、竹荪、百香果。有浦城县铁坑农家园种植专业合作社。水利工程有吕山岩小二型水库 1 座，小流域治理防洪坝 500 米及洪桥头、碓坞拦洪坝。全面普及自来水，通村道路硬化。有卫生室、图书室。广场面积 500 平方米。有村道通 867 县道。

铁坑村部（刘德祥／摄）

　　金秋时节，我走进秀美的铁坑。

　　铁坑，有山乡的豪情，也有其名字的侠骨。

　　初识铁坑，便惊叹于它的门户！

　　沿着山边平坦的水泥公路行驶，一边是葱郁青翠的小山，一边是开阔的金色稻田，谈笑间就到了山的尽头。一道小桥，却又跨进了另一座山脚。两座山并不并排，而是前后错开，但从远处看，两山却是相靠重叠，不留缝隙，俨然是一道紧闭的大门。小溪流优雅地顺着两山脚从小桥下淙淙地流出，成了流畅的"s"形！这便是铁坑村的门户了，精巧别致！这门户就像深宅大院的"照壁"，它将"大户人家"的秘密隐藏了起来，也将人的探秘欲望撩拨了起来！

　　"林尽水源，便得一山，山有小口，仿佛若有光……"这门户又让我想起了陶渊明《桃花源记》中的语句。

　　进了门户，豁然开朗，铁坑村便呈现于眼前了！名不符实啊，"铁坑"，这哪里是"坑"，这分明是一个大盆地！这分明是一个大摇篮！你看，那巍巍的苍山，在外围严严实实地围了个圈，成了个大摇篮，把铁坑村整个儿地安放在"摇篮"内。怎样的安稳！怎样的惬意！铁坑村的人们是幸福的！

最南面的大缺坳山，巍峨却亲切。苍翠，那是饱经风霜的容颜；平平的山岗，绵延几千米，那是宽广博大的仁慈！大缺坳山，您是伟大无私的母亲！您用朴实、永恒的爱哺育着铁坑儿女，您温柔、细心地呵护着铁坑儿女！难怪铁坑人脸上洋溢着的全是平和与安详！

"摇篮"内，还有座座新绿的童山，它们似可爱、活泼的小玩伴，让人无比的欣喜，让人丝毫不感到寂寞！

放眼铁坑，平畴广阔，阡陌交通。良田美池，红瓦洋楼。田野上，稻浪翻滚，一派金黄！秋风送爽，稻香、桂香、泥土的气息，在这"摇篮"内酿成醉人的芬芳！

苍山孕育了铁坑人的善良真诚，也赋予了铁坑人侠骨丹心。在那风雨如晦的岁月，在黎明前最黑暗的时候，在枪林弹雨中，铁坑人明辨善恶是非，用自己的淳朴赤诚为中国的解放事业画上了璀璨的一笔。

1945年，在坪洋自然村的金山墩树林里，以陈牯佬为首的共产党人建立了秘密基地，负责从上饶经坪洋到政和的南下路线。在坪洋村三年多的秘密革命活动中，铁坑人民为地下党运送柴米油盐，收集情报；及时通风报信，保护革命党人；不惧国民党的威逼利诱，坚强不屈。1946年，中共闽北地委迁驻铁坑坪洋村，在此组织领导整个闽北的革命工作。英雄的铁坑人民为铁坑的山水注入了红色的灵魂！

在改革开放的年代，在脱贫致富的年代，铁坑人秉承勤劳的本色，以豪迈的气概，开创着自己的脱贫致富之路！那一堆堆的金黄，升腾起烟草的芬芳；那一席席的洁白，绽放出竹荪的高贵；那一垄垄的新绿，弥漫着中药材的馥郁！勤劳智慧的铁坑人正豪情万丈地迈向崭新的时代！

伴着淙淙的流水声，随着优雅的"S"形小溪流，我出了铁坑村的门户。依依不舍，忍不住回首，却心生畏惧。是惧怕村口的两山合拢把铁坑的门户关上，而无处寻觅？

"遂迷，不复得路"，回程中，我脑海里又回荡着陶渊明的《桃花源记》。

金秋时节，我走进壮美的铁坑！

山下乡自然村村名含义

山下村村民委员会

山　下　初建村在虞处塔（现山下中学处），后遭草寇剿毁，幸存者迁居廊前（现山下村河对面田畈），兴盛时，人口上百户，曾建过街。后衰落迁龟山下，故名山下。

水　尾　村位于西溪水的尾部，故名。

外王口　在山下自然村的水口，村中多官吏，名王口，此村位于王口片村外部，故名。

里王口　村在外王口里面，故名。

黄　墩　村前有一山墩，形似黄牛，故名。

黄赤岭　村坐落在黄赤岭田垅两侧，故名黄赤岭。

富　厝　原名富处。此村毛竹资源丰富，故名。

小溪村村民委员会

小　溪　村右有一山涧小溪倾泻而去，溪畔长满小竹。"筱"（同篠）是小竹，因名筱溪。"篠"是一个非常诗意的字，唐大诗人杜甫《狂夫》诗有"风含翠篠娟娟净，雨裛红蕖冉冉香"。"筱"通"小"，后简笔，改为小溪。

小溪新村　在小溪自然村附近，2010 年，僻远山村村民迁此建新村，故名。

水源寺　村境有水源寺，故名。

沈　厝　沈姓开基，故名。

山头子　村前有座小山头，故名。

龙井头　村前溪中有潭，村民称为龙井，故名。

游　墩　因地处溪流边上，且所在溪流边上有三处土墩，故名游墩。

廊　前　村在廊桥前，故名。

花　桥　村境有座花桥，故名。

毛　厝　毛姓开基，故名。

岩　弄　村境多岩石，岩石夹道，中成小道，故名。

王柏村村民委员会

王　柏　初名店仔塔，坐落东南山田边。后据传，虞厝塔被草寇清剿时，凡村名有"塔"字均要清剿，人们危难中，急忙把村移到西北山麓。当时村民黄姓多，为了安居像松柏一样万古长青，改村名为黄柏。新中国成立后，黄氏逐渐减少，王姓兴旺，20 世纪 60 年代，改名王柏。

上南溪　在南溪上游，故名。

下南溪　在南溪下游，故名。

新　基　原名庵基塔，1970 年更今名。

狮子洋　村处平地，村口山形似狮子，故名。

桥　头　村在桥的前头，故名。

里炉坑　村处在长坑中，坑似铁炉，因名。

观竹前　村四周都是竹山，开门见竹，故名。

高　塘　村建在高山上，凹地像池塘，故名

富竹头　村周多竹林，农民生活苦，称苦竹头。1963 年，因竹多、价钱高，改称富竹头。

陈　家　陈姓开基，故名。

北　斗　村建在像北斗形的山坑中，故名。

源头村村民委员会

源　头　黄氏建村于小溪的源头，故名黄地源头，后黄姓村民逐渐减少，简称源头。

竹　后　村建在竹山后，故名。

坪　坑　村在山坑，有平地，村建于此，故名坪坑。

郭　下　郭姓开基，故名。

水门村村民委员会

水　门　相传村对面一个灯盏山会引起村庄火灾，村名有水字可以克火，村有溪，出门就见水，故名水门。

雷公桥　村境有桥，村上供奉雷公神像，故名雷公桥，村以桥为名。

葡萄园　原名葡萄源，村多葡萄树，故名。

岭　下　村在富厝岭麓，故名。

官岭头　村在官岭岭头，故名。

官岭下　村在官岭岭下，故名。

上　横　村上方有山横列，故名。

石　壁　山在山谷中，有石壁立，故名。

马　山　村境有似马形的，故名。

铁场村村民委员会

铁　场　昔为炼铁场所，并作为周围炼铁中心，后建村，故名。

外　场　村在铁场自然村外面，故名。

里　场　村在铁场村里面，故名。

小铁坑　村有挖铁形成的坑道，此坑道较小，故名。

下炉厂　村有炉铁厂，地处下方，故名

下　坊　处于下炉厂下方，故名。

丁　元　上下村形成丁字形，故名。

上丁元　村在丁元村上方，故名。

下丁元　村在丁元村下，故名。

上　场　因坐落地段昔有宽大的炼铁场所，此村在上方，故名上场。

下　场　因坐落地段昔有宽大的炼铁场所，此村在下方，故名下场。

绘　厂　原有陶瓷厂，有上铀绘图工艺，故名。

凹后村村民委员会

凹　后　村在山凹的后面，故名。

前　洋　村前地势低，河流集水在此出口，雨季泛滥，溪面广阔似洋，
故名。

洋　村　相传杨姓开基，后因村前有洋田，因名为洋村。

洋下坞　村在山坞，在前洋村下方，故名。

岩头地　村后山岩石多，故名。

青山村村民委员会

青　山　村在前洋西北山村下，建村时村名西山下。后熊氏迁此，寓意山是熊长久栖身之地，故名青山下，后简称青山。

溪　洲　村在溪洲旁，故名。

管　处　管姓开基，故名。

洪　源　相传村出一个洪姓的状元，故名。

樟塘坞　村在山坞，有山塘，塘边有樟树，故名。

三角坪　村有一个三角形的平地，故名。

铁坑村村民委员会

大铁坑　村有挖掘铁矿的大坑道，故名。

寺　元　在寺庙的遗址上建村，故名。

大王山　村西北侧有大王山（又名水平王），以山取名。

岭子头　村在小山岭前头，故名。

吕山岩　村在吕山岩下，故名。

坪　洋　村有一小山坪，田多烂泥，村在田上方，故称坪洋。

岩山厂　村在岩山上，昔有竹厂，故名。

第八章

翰墨文苑 民间传唱

第一节　当代散文

山"歌"序曲

◎ 张先强

　　1989年10月，我调到山下乡担任乡党委书记。山下，顾名思义，是名副其实的偏僻山区，经济和人民群众的生活条件都比较落后。乡长李水清已在山下工作十余年，对乡情民情很熟悉。他主动陪我翻山越岭，走村串户搞调查，掌握全乡经济社会情况，使我较快地进入工作角色。不久，我脑子里开始思考这么一个问题：山下素有"竹乡"之称，毛竹山总面积5万多亩，其中面积达5000亩以上的就有4个村。可是拥有如此丰富的资源，为什么大部分村集体经济基本上"空壳"，半"空壳"？小溪、王柏都是万亩毛竹村，人口也是七八百、千把人，村里却穷得买纸张都得赊账，村、组干部误工补贴3年兑现不了。其原因主要是毛竹山承包责任制很不完善。实行"大包干"时把集体的林、竹一分了事。有的村是按人均山，无偿使用，既未联产，又无制度；有的名为承包，连合同也没有，毛竹山实际上变为少数人占有，不用给集体交承包费，老实本分的村民也沾不上边。水门村有6000多亩毛竹山，少数人占了大面积，集体一分竹山也没留，每年基本上靠收"三金"过日子。很多村由于穷而无法为农民提供有效服务。比如官岭头老区基点自然村群众梦寐以求用上电，架设5千米线路，上级老区部门资助了两次，都因为村缺少配置资金，拖了三年多还办不成。集体穷，干部急，群众怨，村级组织缺乏号召力和凝聚力；承包责任制不完善，带来了粗放经营的后果，毛竹山有的半荒半管，有的乱挖笋、滥伐

竹　海

竹，有的转手租让，坐收得利。如岭下自然村有户村民，每年春来把竹山转让别人挖笋，就坐得 1600—1700 元，结果每亩立竹量只有几十根。而没有竹山的村民只能望山兴叹，自用一根毛竹也得花钱买。他们气愤地说："这样搞下去，还谈什么共同富裕？"

群众的呼声、毛竹山的模样、集体经济的现状，促使乡党委、乡政府会议多次提出讨论，敢不敢从完善毛竹山承包责任制入手，打开林业管理体制改革的突破口？当时要做这件事政策性很强，涉及许多人的既得利益。有的领导班子成员认为讨个骂名不要紧，搞不好是要栽跟头的。然而从建设社会主义新农村、改变边远山区贫穷落后面貌的长远利益着眼，此举又势在必行。县委和县挂点领导了解到我们的打算，一开始就明确表态支持，主要领导还多次作了具体指示。有上级支持，乡党委进一步统一了思想，终于在 1990 年 5 月作出了决策，并很快拿出了实施方案，决定首先在水门村进行试点。

要扭转已是"习惯成自然"的现状，把几千亩毛竹从少数人手里"放出来"，无异于"土改分田地"，其难度大大出乎意料。乡、村干部和林业站工作人员组成的试点工作组进驻水门村，开头，连村两委扩大会议也召集不起来，干部下到自然村了解情况，谁见谁躲，各种流言蜚语像潮水一般。经过了解，还是干部作怪。有一位村支委的家族，人均占毛竹山200多亩，得知要搞投标完善承包责任制，公开表示反对，甚至唆使人摸黑扔石头，把工作组煮饭的铁锅砸破，想把工作组赶出村去。我们掌握事实证据以后，召开党员大会果断撤掉这位支委。"乌纱帽"一拿掉，他也就蹦不起来了。讲政策、讲改革、讲措施，宣传发动工作得以顺利地开展。经过一个多月耐心细致的工作，在全面摸清毛竹山面积的基础上，一方面，组织林业技术员、村民代表、乡（村）干部"三结合"小组逐山逐片评估，分别不同类型，确定承包基数；另一方面，要求党员村干部带头报名参加投标，并对报名承包户予以张榜公示，确保每一户村民都享有权利。做好这些前期工作以后，按村、组约定时间，召开村民大会进行公开投标，认定无误后，当场与村经济联合社签订承包合同。

　　水门村试点成功，接着全乡推开。那几个月山下真是热闹非凡。干部下村的工作，群众谈论的话题，多是改革毛竹山经营管理这件事。随着改革的进展，招来了上下左右、方方面面的议论褒者多，贬者也不少。几个村都曾发生对乡村干部围攻恫吓、谩骂甚至动手动脚。一天晚上，我和几位乡领导正在小溪村听取支书汇报工作，电灯突然熄灭，紧接着一群人冲进会议室找我"讲道理"，有人乘机摔茶杯、砸桌凳，顿时一片混乱。我当时毫无惧色，决定干脆通知村民都来村部开会。在乡村干部配合下，电灯重新接好，大会顺利召开。我向到会的村民宣讲政策，联系实际一条一条讲，一笔一笔对比算账，讲得多数人连连点头称是，大部分村民当场表示支持改革，并要求追查蓄意闹事之人。下半夜开完会，我们下山回乡政府，发现小吉普车轮胎被人扎破。换好轮胎，六七个人挤一车，沿着逶迤陡峭的山路快到急弯处，一位村民在路中间挥着双手把车拦住，告诉我们前头有危险——下车走过去一看，一根几十厘米口径的树木横架在急弯陡坡路段，显然是有意设置的路障。要不是那位好心的村民提前告诉了情况，小吉普车一旦撞上障碍，后果不堪设想……尽管吓出一身冷汗，但车上的人没有一个胆怯后退。几位年轻干部主动表示：认准了正确的方向，即使有生命危险也义无反顾。

干扰阻力还来自匿名告状散布流言。一段时间，个别县直单位和兄弟乡镇领导对我们的做法也不太理解。但是，县委、县政府始终旗帜鲜明地支持改革。县委书记陈新丁几次专程到乡听取汇报、指导工作，到村干部大会上亮明县委的态度，给乡党委撑腰鼓劲。县挂点领导及县委办、政研室、宣传部和县委农村社教办、县林委等部门负责同志，都关注改革的每一阶段，经常下来帮助总结经验，商讨举措。乡党委也主动邀请一些有关领导、老干部、老同志来乡调研，面对面听取村干部、村民代表的思想态度。这些做法，化解了一些同志的疑虑，当他们了解了毛竹山经营管理改革在山下的必要性以后，都十分赞同乡党委的决策。许多同志还主动帮助向社会作正面宣传，教育和引导在山下的亲友配合推进改革。所有这些，都形成在全乡范围推进改革的有利氛围。

乡党委一班人，特别是乡长李水清等"老山下"在整个改革过程中，以真诚团结、共担风险、敢于向前的实际行动，给我以莫大的鞭策与鼓舞，乡党委、政府机关以及乡直单位一批朝气蓬勃的年轻干部，思想解放，充满激情，勇于接受任务的精神风貌，更给我增添了必胜的信心与毅力。在那些日子里，全乡上下都投入到工作中去，可以说没有一个闲人，没有一个懒人。遇上突发情况，半夜三更乡党政班子也点着蜡烛（那时用电困难）开会。常常为了及时解决问题，有关领导不分昼夜，骑摩托车、自行车，跋山涉水说走就走，很少有人发牢骚。通过那些一桩桩一件件难忘的事，我与同志们建立了深厚的友谊。

在全面推进改革过程中，乡党委、乡政府牢牢把握方针政策，发挥广大党员、干部的作用，扎实稳妥地做好每一阶段的工作。

一是采取多种形式广泛深入地宣传关于完善承包责任制、健全统分结合双层经营体制的政策精神；乡党校、党员责任区、各种类型的培训班乃至于中学的课堂，都向不同层次的对象宣传教育，反复讲清道理。二是有统有分、统分结合。村经联社统一经营管理的竹山也由若干作业组承包；除集体统一经营管理以外的部分，采取公开招标、家庭承包。三是因地制宜大稳定、小调整。"大稳定"即：原来分到户的山场，原则上仍包给原管山户，个别村民小组根据近年人口、劳力文化情况对发包股数（面积）作适当调整，这种情况占 77.39%；"小调整"即：过去以势力占山的坚决予以纠正，由林业站和村代表共同勘察，重新划块，核定承包指标，实行竞争投标承包，这种情况占 22.61%。四是明确集体和承包户的责、权、利关系和奖罚措施。签订书面合同，承包期限一般为 15 年，期满可延长。通过近一年的努力，全乡 5 个毛竹村都建立起统分结合双层经营体制。各村都划出一块由村林场管理，集体经营面积共 6530 亩，占 18.5%；有 689 户与村经联社签订了家庭承包合同，占具备承包条件农户的 95%，承包面积共 28744 亩，占 71.19%。按合同，集体每年可收入 30.96 万元，集体与承包户利益分配体现承包户得大头，一般占总收入的 85% 左右（包括劳务工资），集体提留适度，每亩年平均 8.6 元。为鼓励科学育竹，合同约定 1991—1994 年每年集体提留中返还 50% 给承包户作为毛竹生产扶持金。完善了毛竹山承包责任制之后，壮大了乡村集体经济。如水门村划出 559 亩竹山交村林场经营管理，向 201 户（占 92%）村民发包 4897 亩，每年可收承包费 47460 元，使集体经济有了一个小"雪球"，可望越滚越大。1990 年冬，该村集体就投资开发了 50 亩山地种果。合同的签订使承包户好比服下长效"定心丸"。用他们的话说："往后管理竹山有凭有据，责、权、利清清楚楚，应该使出真功夫了！"

1991 年 5 月间，南平地区行署林克敏专员到浦城县检查指导工作。他专程到山下乡详细了解了毛竹山经营管理改革的情况后指出："集体作为山林所有者，应对山林享有占用、使用、收益和处分权利。山下乡从实际情况出发，针对当时包到户的山林既没有书面合同，也没有规定责任的情况，做了大量的宣传发动工作，建立和完善了毛竹山双层经营责任制，应予以肯定。"随即，地区行署办公室在《闽北经济》第 29 期详细介绍了山下乡改革的情况，并加按语印发全区。1992 年 1 月，《福建林业》杂志刊登了我撰写的文章《完善毛竹山承包责任制的实践与启示》，并加编者按："稳定和完善毛竹山承包经营责任制是发展竹业经济一个重要问题。健全和完善统分结合的双层经营体制，要充分发挥家庭经营积极性和集体经营优越性，更好地开发利用竹林资源，实行科学育竹。开辟竹类系列产品新的生产、加工门路，以取得更高的经济效益和社会效益，从而壮大集体经济。各地要按照党的方针、政策，积极引导，循循善诱地做好思想工作，使我们的工作真正建立在可靠的群众基础上。"

编者按语进一步启迪了我们。在全面完成承包责任制改革以后，乡党委、乡政府随即把工作重点转向推动科学育林，提高毛竹山经济效益上。组织一批又一批村干部、承包户到著名竹乡浙江安吉参观学习，引导开阔眼界和思路。此后，历届乡党委、乡政府都采取举措，认真谋划实施科学育竹，开发利用毛竹资源，致力于引领竹乡群众脱贫致富。值得欣慰的是，当年立下的这些愿望，想唱的山"歌"，以后历届乡党委、乡政府引领广大干部群众，将旋律谱得愈发和谐，"歌"声唱得愈发清亮动人！

流金的大地

——浦城山下乡扫描

◎ 沈世豪

第一次到浦城西南的山下乡，处处都有迷人的风景。绿水青山便是金山银山，这是一片流金的大地。

一

全县兴起了种毛竹的热潮，开辟了全县脱贫致富之路。是上苍的特别眷顾，还是老祖宗留下的瑰宝？到了此地，放眼望去，绵绵不绝的竹林，编织成直到天边的竹林之海，波澜壮阔，惊艳天下。

全乡的竹林有多少？洋洋 4.75 万亩。

最美的是小溪村的"万亩竹海"，置身其中，恰似神游碧海深处，但见绿竹万杆齐发，"一顷含秋绿，春风十万杆"，如诗如画，如旷世之绝唱，令人五内皆凉！

在闽北，毛竹并不稀罕，大山中，乃至房前屋后，都可以看到它婆娑的倩影。但像山下乡这样汇成如此宏大的规模，就像成建制的千军万马，浩浩荡荡，所向披靡，只要一声令下，就可以席卷残云，出征到任何地方，颇为罕见！

毛竹劲节挺拔，不惧风雪严寒，清秀风雅，不染纤尘，堪称是山中君子。自古以来，歌咏的诗文，足以车载斗量。清代的著名画家郑燮即郑板桥诗云："咬定青山不放松，立根原在破岩中。千磨万击还坚劲，任尔东西南北风。"他欣赏的是毛竹独立坚韧的气质和不屈不挠的精神。其实，无论从不同审美的视角，还是大自然的造化，毛竹都是人世间不凋的风景。

绳子系起半个旧篮球当吊桶，伸到幽深的水井里提水解燃眉之急，是当年大学生的日常生活之一。当时，大学生是不准谈恋爱的，现在放开了，情人谷也应运而生。我去看过，人太多，特别是周末，摩肩擦踵，也不知如今的年轻人怎么能够如此淡定地在这里会情人？

山下乡的情人谷，在铁场村。那是 2013 年开始开发建设的。一条长长的山谷，四周山林茂密，山径逶迤，有的地方，铺满落叶，抬头细看，偶尔，还有小松鼠，拖着毛茸茸的尾巴，在枝头跳跃，并不怕人。山谷有水，清冽冽的，汩汩、森森，走了一段，拐弯之处，就有潭，潭水碧沉沉的，依稀在等待，又似乎在守望。从喧嚣的闹市来到这里，颇有返璞归真之感，即使过了谈恋爱的年龄，同样可以唤起似乎远去的青春年华，脚步也觉得分外轻松了。

有关于爱情的佳话或传说吗？

当然有。是流传下来的，还是哪个现代秀才编的？不清楚。

走到情人谷的深处，有一片稍微大一点的潭，水深，不见底。潭中央，有块岩石冒出水面，岩石旁，有棵高出水面数米的枯木，黝黑色，遒劲、

粗粝、疤结累累，定神一看，头上酷似龙头。因此，就像蛟龙忽地蹿出水面，很是神奇。这个故事，是龙女和樵夫恋爱的神话。莫非，是龙女不顾龙宫的清规戒律，突破虾兵蟹将的围追堵截，在这里温情脉脉地等待她深爱的樵夫？

此处的情人谷很清净，来的人不多，也不售票。真是个谈恋爱的好地方。密林深处，还有几幢小木屋，是悬空架起来的，就像小小的驿站。可以让情人们在里面卿卿我我，谱写地老天荒的爱情传奇，也可以让有点疲惫的游人，在里面暂歇，听鸟语呢喃，甚至美美地睡一觉，做个美梦。

情人谷，情满山谷，美哉！

四

情不自禁地停住了脚步。

大山山凹处，平坦的小平原。溪水潺潺。溪畔，两排现代化的楼房，相对而立，延伸而去，气派非凡。中间是平坦的街道。粉红色的墙面，暖意盈怀，伸出的阳台，洒满了金色的阳光，尽情地书写着宜居乡村的动人风采。

原来，这是浦城县的造福工程之一。是专门为从深山野墺中搬迁下来的山民盖的，当然，里面也有五保户、贫困户等。看到这些楼房，你会深切地感受到，如今的山村，的确变了。走过漫长农耕时代的山民，终于也有幸领略和分享现代文明生活的甜蜜了。

乡村振兴并非是一句空话，它最为关键之处，就是改变祖祖辈辈生存在深山老林中百姓的生活方式以及他们的思维方式，提升他们的幸福指数，让这些几乎被无情边缘化的人们，也能够融入现代的时代潮流之中，分享改革开放的甜蜜成果。

目睹山中凋落残破的老屋，你才会发现，为什么搬迁下来的村民会在搬进新居时热泪满眶，不断放鞭炮，表达无比喜悦之情。人们都说，故土难离，金窝银窝，不如自己的狗窝，说实话，如果在改革开放之前，山门紧闭，一般老百姓不了解外面世界的时候，是会如此的。现在不同了，村里的年轻人、中年人基本都到城里打工或做生意了，现代的生活完全改变了他们的思维模式和生活方式，没有卫生间，无法洗热水澡，没有电视、电脑以及令人眼花缭乱的自媒体，已经是无法想象的事情了。经过城市文明春风陶冶和洗礼的人们，再也回不去了。人，包括深居在深山里的山民，同样是信奉人往高处走这一普遍真理的。怀旧、乡愁当然是会有的，但全新的现代生活，更是挡不住的诱惑，就像浩荡的春风，一旦吹开人们的心扉，满目的春色就油然取代老去山村的凋敝和萧索。

新村交通便利，生活、就业也方便。深深地为幸运的人们祝福。

五

这是一部新传奇。

山下乡的凹后村居然和东部战区的海军结成了帮扶对子。怎么会挂上钩的？

原来，该村是省人社厅挂钩的扶贫点，派驻该村的干部方敏同志，在省委组织部和省人社厅的牵线搭桥下，经过积极努力，终于对接海军参与地方的扶贫攻坚战。其实，萧劲光、叶飞、饶守坤等海军将领都曾在浦城战斗过，浦城和海军有着深厚的渊源。凹后村人命运神奇，邂逅这一美事。于是，将军来了，一批批的海军指战员来了，他们带来了大海的飒飒雄风、海鸥的歌唱，还有飘溢着些微海腥味的呼吸。

我们的时代，的确是个孵化奇迹的时代。以前，山里人想都不敢想，这些驾驶着战舰巡航祖国辽阔大海的军人，会和他们这些擅长赤脚走黄泥路的山里人走到一起。脱贫攻坚战的硝烟，吹到山下乡。惊涛骇浪的大海和绿竹连绵的竹海，息息相通，紧紧相连，奇迹的创造就从这里开始。

这是令人振奋而温暖的记录：

2018年9月开始，军地双方确定了首批8个板块19个扶贫项目，涉及资金489万元。2019年5月又新增4个帮扶项目，涉及资金165万元，加上去年"7·9"洪灾的捐赠，共帮扶704万元。这不仅是金钱，而是"输血"。可敬可爱的人民子弟兵，在凹后村的项目建设、产业发展、精准扶贫三个方面，都取得了令人赞叹的成就。从2018年到2019年的短短的两年时间，凹后村实现财政收入21.29万元，村民人均可支配收入15100

凹后村（刘德祥／摄）

元，村民人均增收1044元。其中贫困户人均收入9629.1元，已经超过国定、省定贫困线和低保线6456元。凹后村脱贫了！村民深深感激海军的慷慨扶持，从习近平总书记的《军民情·七律》中提炼出一副对联：闽山闽水东风润雨情意重，爱党爱民南浦思泽物华新。生动地书写这跨越山海、军民同心的鱼水深情。

从脱贫后再起步，凹后村正在续写传奇。

大海之风吹到这里，凹后村不再落后贫穷。它像一叶升起的帆，从竹海驶往更为壮美的大海。

希望的彼岸在呼唤。呼唤凹后村，呼唤山下乡！"轻舟已过万重山。"未来和明天一定会更美好！

作者系知名作家、二级教授。长期在高校任教、任职。福建浦城人。中国作家协会会员。曾任厦门教育学院副院长、教授。系享受国务院颁发的政府特殊津贴的有突出贡献的专家、福建省优秀专家、厦门市拔尖技术人才、全国优秀教师，全国第四届"五个一工程奖"、第十一届中国图书奖、全国第五届青年读物一等奖和二等奖等全国奖的获得者。著有24部专著和长篇作品。在全国各级报刊正式发表的论文、作品1000余篇。在中央电视台以及省市电视台播出的纪录片近30部。散文《泰山一片月》曾选入北京语文出版社出版的全国七年级语文读本（上册）。多篇作品被选入省编中小学语文教材。

神秀飞龙

◎ 沈世豪

福建，闽北浦城。阅尽岁月沧桑1800多年，地灵人杰，仅在宋代，就出了八个宰相。逶迤数百里的武夷山脉，绵延到这里，造就了无数的奇山秀水。而新发现的飞龙瀑布风景区，就是其中的神秀之地。（推出片名：神秀飞龙）

人们常说，为有源头活水来。或许，是上苍有意的安排：飞龙瀑布风景区恰恰就在浦城山下乡的源头村。此地山高林密，地势险峻，水量蕴藏极为丰富，天造地合，便成就了这片人间奇景。

中国瀑布多，最为壮美的瀑布大多在西南。且不说天下闻名的世界级风景——黄果树瀑布，逶巡云南的横断山脉，驰名的瀑布，更是不少。江南乃温柔浅唱之乡，若论瀑布之博大、壮阔，往往无法和西南比肩。然而，若论秀丽、婀娜、情深意长的韵味，则是独具风采。

飞龙瀑布群的独特之处，就在于不仅具有江南瀑布之秀美神韵，而且不乏西南瀑布的气势磅礴、规模宏大。峡谷深深，千回百转，这里的瀑布是呈群落型的，就像一条条飞龙，从天而降，看不尽的瑰丽、雄奇，品不够的神韵悠长。

最高的这条瀑布，飞流直下100多米，完全可以和被李白点化过的庐山瀑布，比个短长！庐山瀑布，借诗仙李白的咏唱，名满天下；而飞龙瀑布，却养在深闺无人识，是坚毅地守望，还是等待时机，一旦腾飞，便天下皆惊！

壁立的崖壁，清亮亮的水，一头扑下去！无所畏惧，卷起千堆雪。这就是气魄、胆略、精神！山有神，水亦有神，生于斯、长于斯的山民更有精神！

飞龙瀑布群——西子出浴（柳良金／摄）

　　他叫冯文新，源头村的支部书记。曾在驻扎世界驰名的风筝之乡——山东潍坊部队当兵多年，是放飞的风筝启开了他的梦想吗？他退伍回乡之后，就承担起开发、建设飞龙瀑布风景区的重任。

　　没有资金，自己筹集；勘探、设计、施工等等，也是自己动手。切莫小看他们的智慧、能力，一旦被理想、梦想的太阳照亮，他们就像民间传说中的神力无穷的龙，创造出惊艳天下的奇迹！（专访冯文新：谈学习红旗渠的精神，开发景区的经过）

　　山高水长。这里的山美。苍翠的林海，无边无涯，看一眼也让人心醉。

源头村（柳良金 / 摄）

古人云：在山泉水清。汩汩森森的清泉水，沿山势自然汇聚成的水，如琼浆、如明镜、如千年的神话！任你放飞绵绵的情思、瑰丽的想象，放飞被满眼深深浅浅的绿色催生的梦。

山高水长。这里的山美。苍翠的林海，无边无涯，看一眼也让人心醉。古人云：在山泉水清。汩汩森森的清泉水，沿山势自然汇聚成的水，如琼浆、如明镜、如千年的神话！任你放飞绵绵的情思、瑰丽的想象，放飞被满眼深深浅浅的绿色催生的梦。

这里的瀑布多。山的奇伟多变，成就了瀑布的异彩纷呈。或从蓝天飞泻而下，"疑是银河落九天"；或从密林中奔突而出，"空里万斛倾珠玑"；或缓缓前行，从容不迫，"白龙拖雨下山腰"；或垂首低吟，如书生漫步，"天风潇潇衣裳飘"。飞龙瀑布，可谓是千姿百态意无穷！飞龙瀑布群有多少瀑布？吕仙岩壁立云天，峰回路转看不尽，有多少旋就有多少瀑布。

有瀑布就有潭。最出名的是鲤鱼潭。大山中的大大小小的水潭，清幽，深不见底。陆游诗云："渊沦千尺龙所家"。他说得太好了，潭是龙的家。飞龙瀑布区有多少条龙？有多少潭就有多少条龙。

飞龙汇聚，是此山的召唤，还是深藏的旷世奇迹？两者都有。龙是中国的图腾，更是中国形象的象征！源头村有幸，莫非，待此地的飞龙腾飞之日，就要大跨步走出大山么？

完全可以相信：源头村就是一条可以昂首世界的龙！

走累了，就在这山间古亭里歇歇脚。放下所有的疲惫、劳碌、烦恼，体会心无旁骛的优雅，感受世外桃源的飘逸，欣赏山，欣赏水，也可以浪漫地欣赏自己。想象自己化为飞龙腾云驾雾超越时空的感觉，多美！

人生苦短，山水永恒。把一段快乐的时光留在这里，留在在不断攀升的栈道上，留在这无法用语言描绘的美丽瀑布群中，这段时光就化为值得回忆、回味的种子。在岁月的土壤里，萌芽、生长、开花，有限就化为无限！这就是旅游的真谛，也是飞龙瀑布风景区真正的魅力！

走天下，走天下，走进神奇飞龙瀑布景区，走进这片完全有资格进入国家级风景区的神秀之地，流连忘返，岂不快哉！

2020 年 4 月 23 日

创作手记： 4 月 19 日，借回故乡浦城拍摄关于我的纪录片的机会，应邀走访山下乡。在该乡的源头村，偶然发现这一奇景。深为其神秀的景观和冯文新等山民开发、建设景区的精神所震撼。如今，该景区尚处在养在深闺无人识的状况。于是，写了此解说稿，请有关部门免费为他们做个纪录片。"解读"二字，是此类作品的关键词。

第二节　民间故事

飞龙瀑布与鲤鱼潭

　　飞龙瀑布与鲤鱼潭在山下乡源头村。源头村在乡南部，距乡政府驻地4.4 千米。东至铁坑村，西北至王柏村，南至石陂镇。源头村原名黄地源头，黄氏建村于小河流的源头，因名，后因村中黄氏逐渐减少，简称源头。源头村源头河发源于源头村里炉自然村，流经源头、竹后、郭下至王口汇入山下河，长 4 千米，平均河宽 10 米。是市级美丽乡村。

　　源头村使人神往的是坪坑的瀑布群。瀑布群养在深山中，上山走百余米，就可见到"西子出浴"的深潭，清澈的潭子倒映着两岸美景。岸边有小竹筏可供游人与水近距离接触，水中有小鱼游水，细长的瀑布，从山涧缓缓落入潭中。再往上走，路越陡，景越美，又一番境界，人仿若置身于人间仙境。山林茂密，阳光从空隙射入，地上树影斑驳，小溪流水潺潺，大大小小瀑布一个接着一个，溪流中分布着奇形怪状的小石头。这里有一个传说。古时候山上住着一只雄鹰，修炼成精后，到处乱飞，飞到哪里水就漫到哪，导致村民成天遭受水灾，苦不堪言。有天它飞到这里。山对面住着一个名叫丁老仙的仙人，为消除此雄鹰的祸害，用法将雄鹰的翅膀剪去一半，从此，村民再也没有遭受过水灾。因此，山下只留下许多涓涓细流及洪水冲下来的怪石。

　　在这里抬头眺望，最神奇的飞龙瀑布展现在眼帘。水流若一长龙从150 多米飞泻下来，场面极壮观、磅礴。略为倾斜的悬壁上岩山，层层跌落，水沫飞溅如万斛明珠。这里又有一个传说。说的是此处曾有一条鲤鱼从飞龙瀑布一跃而上，被瀑布上面的景致所迷，就待在那里不走。所以在飞龙瀑布上方有一个鲤鱼潭。

山的道路越来越崎岖，但游人都会情不自禁攀爬到山顶。穿过茂密的树林，穿过湿湿的小溪，到达鲤鱼潭，果不虚之行。一块肖似鲤鱼的岩石卧在岸边，四周青山环绕，环境幽雅，空气中还带着丝丝绿竹香味的清凉，验证怪鲤鱼不舍离去。此处的景致还有卧龙石、虎啸岩等。

飞龙瀑布景区，现已修建了 1.5 千米的盘山栈道，还建有造型别致的凉亭和观景台等。

飞龙瀑布（刘德祥／摄）

铁场情人谷

铁场属山下乡，位于浦城县西南部，距县城34.2千米。东至临江镇，西至水门村，南至铁坑村，北至永兴镇。村委会驻地铁场自然村，昔为炼铁场所，并作为周围炼铁中心，后建村，故名。

情人谷位于山下乡铁场村，总面积6660平方米。以一峡三谷、六曲九瀑组成。情人谷以一段古代爱情故事而得名。相传早在千年前，龙潭峡谷住着一户以砍柴为生的农夫，家里有贤妻和年迈的母亲，虽然日子过得比较艰难，但一家和睦，生活还是很甜蜜，加上住的地方地处峡谷，四周碧山秀水美如画，生活愉快。有一天，樵夫因为拯救了濒死的黄龙，而意外获得龙女的倾慕。樵夫家有贤妻，不忍让自己家庭离散，二人商定每月初一和十五到龙潭相会，还在龙潭边盖了草屋当作二人的密室。日后此处被人称为"情人谷"。

谷中大小景点错落有致。登上情人谷的最高点，可以一览谷中的忘情水绳索桥、九阳踏天等景点。忘情水四季不涸，清澈甘甜。沿途瀑布飞流，溪水潺潺，穿山越谷，谷内曲径通幽。奇岩怪石，或聚或散，茂密林木，满山披绿。

2013年，为了提升情人谷品牌，打造生态旅游品牌，建设独特的吊胜楼和阳光竹房，还有情泉寨、悦心家庭农场。

山下李保戏富家子弟

从前，山下村居住着一个农民叫李保。他家境清贫，小时候念过书，人挺聪明，喜欢作诗。他的诗歌幽默风趣，为当地人们所乐道。

有一年，居住在城里的一个秀才，名叫王义，是个富家子弟。这人不学无术，累考不第，闲暇在家，便想出外游山玩水，结识几个朋友消消遣。

这一天，王义在外游荡，路经李保家。时值仲春时节，常言道："春天孩儿脸，一天变三变。"晴朗的天空，忽然云生西北，雾锁东南，一阵风起，顷刻间，一场大雨倾盆而下，把王义浇成个落汤鸡，浑身起鸡皮疙瘩，慌忙走进李保家避雨。

山里人好客热情，李保闻声迎出。一见王义浑身湿透，他赶快找出一套干净衣服给他换了。然后，他拿出家酿米酒和美味佳肴招待客人。二人对饮起来。三杯下肚，言来语去，倒也十分投机。

时间不长，云散雨收，一场春雨下得远山如翠，近山如洗。王义见此地山清水秀、鸟语花香，不觉游兴大发，尽情观赏了一番。当晚，他宿在李保家。

从此以后，王义和李保便交上了朋友。

一天，王义向李保发出了邀请，说："李保啊，你久居此地，看惯了山水，难得领略我们城里的风光，请你到城里来做客吧，对你也是别有一番趣味啊！"李保本也想去城里走走，这一邀请，正中下怀，在家收拾了一番，进了城。

王义陪着他穿街过巷，街道上，人来人往，热闹非凡，各种货物，琳琅满目。王义瞧着李保，一副乡下人打扮，土里土气，心里好笑，有点瞧不起他，便想借机卖弄一下，以示自己文雅。忽见前面一户人家正在造房子，正当上梁吉时，鞭炮大作，王义问李保道："李保啊，在你们乡下，这叫什么啊？"李保随口应道："这叫造房子啊。""不，我们管它叫造福禄堂。"王义说。李保听了暗笑："我们盖厕所，才叫福禄堂呢！"

他们一边走一边谈，王义总想寻机显示一下自己。他带李保进了一家饭馆，跑堂的端上了酒菜。这时，一个乞丐凑了过来，王义见了，又问李保："这种人你们如何称谓？"李保说："这是讨饭罢。"王义说："我们管这叫'花郎'。"随手，还端过一碗点心给了他，以显示自己的慷慨。李保见他如此做作，心中好笑，只不作声。

他们出了饭馆，穿过一条街，正见一伙人抬着一副棺木出城去安葬。王义灵机一动，忙问李保："你们对丧葬怎么讲？"李保回答说："就叫扛棺材。"王义哈哈一笑，说："你们这种说法未免太俗气了，我们管它叫作'行方便'。"李保见他如此，心中越发不快，但还是忍住了。

两人来到南门城郊，忽见对面一户人家失火，人们纷纷跑去帮忙救火。李保也想去救火，不料王义拉住了他，笑嘻嘻地说："此番景致，难得遇见，正可欣赏。"过了一会儿，由于人多势众，火很快扑灭了，但起火的一家，已烧成焦土瓦砾。女主人在呼天喊地地哭泣。李保叹息不已。他们走到近前，见不少行人纷纷丢下几个钱在女主人面前，李保也掏出几个钱送给失火人家。那人边哭边含泪向人们称谢。王义却摇头晃脑地说："这便叫着'一扫光'。"李保见王义这副幸灾乐祸的神情，憋了一肚子气。至此，李保游兴全无，当天便告辞回家。

光阴流转，转眼又是一年。这天，李保又收到王义的请帖，原来，这回是王义新建房落成，叫李保前去祝贺一番。

李保见了灵机一动，便写了一副贺联给送去了，贺联上写："贺新造'福禄堂'，代代儿子出'花郎'；一年四季'行方便'，三年未满'一扫光'。"王义见了这副贺联，气得差点咽了气。

山下两次击败"天下无敌手"

　　清乾隆年间。一个个子不大的外地青年拳术师来到山下，目空一切，认为这山旮旯里不可能有什么武艺高手，于是胸前挂上一块"天下无敌手"的牌子，以示称雄。路过源头村腊子树（乌桕）下深丘塘大路时，刚巧，源头村有个姓丁的大胡子庄稼汉，这人身材魁梧，年轻力壮，练就一身好武艺，碰上这个胸挂"天下无敌手"招牌的青年，脑子里立即浮现着和对方比试个高低的设想。刚好这段路拐个弯离村不上 10 米，路里是石坑，路下是烂泥田。丁胡子故意靠里走，青年拳师过路外，待两人相遇并排时，丁胡子以肩膀用力一推，青年拳师一个狗吃屎翻倒在烂泥田里，滚得满身泥浆，狼狈不堪。他把"天下无敌手"的牌子赶快甩掉。胡子早跑回源头村，并告诉在"八字门"玩耍的乡亲说："过一会如有个陌生人问刚才有谁过往，你们就讲有个丁胡子打这儿去里炉村。"丁胡子洗过脚，家门紧闭去睡了。青年拳师果然过"八字门"，一问便往里炉村去。丁胡子醒来用过晚饭后，摸黑从后门进入练家。练家五兄弟，号称五老虎，此时正在练武，力大的举起近百斤的棒就好像拿竹扫把一样，轻而易举，应用自如，连打 7 个沙包（练武设备）。力小的舞起棍棒见棍不见人，放个彪枪，灯火打黑，灯盏不动。所谓"天下无敌手"带着敬佩的眼光也在旁观看，自叹见识太少，天下武艺高手确是不计其数。待练家兄弟练完武，"天下无敌手"双手抱拳上前对练家兄弟一拜，并说："众位师兄在上，小弟今有一事相求，我教一场徒弟，多半高大勇猛，出师后竟师傅钱都不给，你们兄弟个个武艺高强，今后要求到小弟舍下帮个忙……不胜感谢！"此刻，丁胡子见青年拳师不敢称能，反而谦虚，便趁机走到"天下无敌手"面前，与其打个照面，"天下无敌手"立时脸带愧色说："胡子兄怎也在此？"丁胡子马上接过话头说："下午对你失礼，请多原谅。""不！应感谢兄弟给了我醒悟的机会，做人应谦虚，不能自大。""天下无敌手"说。当夜，练家兄弟留青年拳师在家就宿，众武兄高谈阔论至半夜。

在清光绪年间，一天，山下又来个青年拳师也自称"天下无敌手"。那人个子高大，来到山下正是墟日，山村街道又短又窄，来来往往的人挤得水泄不通。可是，那个青年拳师胸前挂个"天下无敌手"牌子，趾高气扬，在街上来回行走，用两手向左右排挤，试看有谁敢抵挡，把行人挤得东倒西至，人人愤怒。其中有个年近花甲的老人，身材不高大，力气过人，早年练就一身好本领。街上熟人都动员这老汉扫扫"天下无敌手"的威风，为山下群众出气。老汉想想话也在理，于是老人拉开两腿，伸出右臂，横贯街道，形如一堵钢铁墙。"天下无敌手"用了全身解数连推三次，抵不过老人一只手。青年拳师恼羞成怒，退了回头，暗地摘下"天下无敌手"牌，化个装，在极其拥挤的人群中，探视这展臂拦街的老汉，伺机行事。那老汉身穿过膝大襟衣，肚脐下缚个用线密缝成数层的钱袋（兜肚），里面装有很多铜钱。这时老人买鸭蛋，刚付完钱，双手提着胸前衣角，里面装了很多鸭蛋，青年拳师对准老人下身致命处用力踢上一脚。说时迟，那时快，老汉眼疾手快，只用一只手一挡一推，"天下无敌手"被摔出一丈远，四脚朝天，滚在街上。老汉手上的鸭蛋竟半个不损。从此以后，山下再也未出现所谓的天下无敌手了。

金银丘

山下村王墩村附近有一块田，土名为"金银丘"。

相传很古时，有位名叫张望富的贫苦农夫就住在王墩村，仅养一头老牛，靠帮工过日。

一天，张望富扛着犁，牵着牛到田里帮人干活。整日劳累使之感到孤寂，日日穷思苦想，希望自己能够富裕起来，想了很多很多，却又没地方去说，只好对老黄牛说。说来也是奇怪，这头黄牛也知情，听得俯首帖耳。张望富一时高兴，心里乐滋滋的正准备收工，田埂旁突然银光闪耀，走近一看，是一筐雪白的银子。张望富心里有说不出的高兴，想搬又搬不动，想挑更不行。正在措手不及之际，一个过路的人看到这意外之财，想与张望富进行对半分。张望富仗着自己是第一个发现者，执意不肯依。立在一旁的老黄牛看着这两个贪财人争执不休，突然暴跳起来，向前冲去。两人被一股不可抵挡的力量冲倒了。

黄昏，乡亲们都陆续收工，路过此时才发现张望富两人不知为何昏倒在田埂旁。因当时天已黑，周围什么也看不见了，于是，乡亲们把这两人抬回村里，经过及时抢救，深夜才苏醒过来。两人追忆当时情景，深感懊悔，怨恨自己贪财之过，经反复商量，决心走遍天下，劝说贫苦人们都走勤劳致富之路。次日凌晨，两人就整装出发了。

出工时分，乡亲们路过那丘田，只见田埂旁增添了两块像箩筐大小的石头，石面上还有字纹，可也不知记下什么内容。后来，人们就把这丘田叫作金银丘。在这块田上，土质肥沃，亩产总比邻丘的田高。劳动之余，人们口头上传诵"种田要种金银丘，一年能顶二年收；勤劳能使穷变富，贪得金银变岩石"的民谣。

山下十八罗汉庵

　　宋朝时浦城与武夷山市交界处八角台住着十八兄弟山大王，个个武功极好，周边没人是他们的对手。老大有抖云的本领，周边居民结婚办喜事他们都要来参加，新婚之夜新娘也给他们霸占。有一个县官的儿子结婚。县官拿出酿了三年的老酒，让他们喝了一天一夜，十八人都醉倒了。县官用铁笼把他们套着，拉到岭山水口外溪坪子处死。县官夜间梦见还有两个没断气，叫人去查看，果真有两个没断气。他感觉很怪，就在处死他们的地方建了一座十八罗汉庵。

第三节　民间歌谣

生活歌

山下三大宝，竹笋当粮草，火笼作棉袄，出门爬岭少不了。（旧社会生活）

点灯不用油，犁田不用牛，走路车子溜。（新中国成立后初步机械化）

粮满仓，酒满缺，人人安和乐意望景长；盖新房，娶新娘，家家户户喜洋洋。（中国共产党十一届三中全会以后的农村情况）

生产歌

金筒曲（指驮木头时哼的调子，以统一步伐减少疲劳）

甲：哎！

乙：哦！

甲：要跟脚呀！

乙：跟了脚！

甲：上个岭哪！要做桩呀！

乙：不要怕呀！做了桩！

甲：下个岭哪！要做桩哦！

乙：不要慌哩！慢慢地啰！

　　（以上为两人扛一段木头时唱）

甲：哦，哦！

乙：要跟脚呀！

丙：跟了脚！

甲：下个岭啊！

乙：做了桩！

丙：慢慢走哩！

甲：上个岭呀！要拿定呀！

乙：不要怕啰！做了桩呀！

丙：跟了脚啰！慢慢走哩！

甲：拐个弯哪！要甩尾呀！

乙：空了肩啰！要做桩呀！

丙：不要怕咪！慢慢地呀！

甲：又过桥呀！

乙：慢慢地啰！

丙：不要慌哩！

甲：过个坑呀！

乙：要拿定呀！

丙：晓得啰！

甲：有个牛呀！

乙：要让路咪！

丙：晓得啰！慢慢走哩！

（以上为三人扛一段木头时唱）

甲：依，哦！

乙：头顶柴哪！

丙：没什么呀！

丁：慢慢来哩！

甲：下个坡哪！

乙：要做桩呀！

丙：跟着脚哩！

丁：晓得啰！

甲：拐个弯哪！要甩尾呀！

乙：空了肩哪！要做桩哩！

丙：不要怕哩，做了桩呀！

丁：跟好脚呀！慢慢走啰！

甲：路难走哦！

乙：不要怕哪！

丙：慢慢地哩！

丁：晓得啰！

甲：大姑娘哪！

乙：我看见呀！

丙：真漂亮哩！

丁：不要想咪！驮好柴呀。

（以上为四人扛一段木头时唱）

制笋歌

正月准备二月做，三月上山挖笋去。

全家辛苦在笋窖，四月下山赚钞票。

山歌（一唱一和）

甲：头一多哩？

第二多唻？

第三多哩？

第四多唻？

乙：头一多来天上星哟！

第二多来凡间人呀！

第三多来山中鸟唻！

第四多来水中鱼啰！

甲：何物消得天上星唻？

何物消得凡间人呀？

何物消得山中鸟唻？

何物消得水中鱼呀？

乙：乌云可消天上星啰！

阎王可消凡间人哟！

天上可消山中鸟啰！

鹭鸶可消山中鱼哟！

甲：何物救得天上星唻？

何物救得凡间人呀？

何物救得山中鸟唻？

何物救得水中鱼呀？

乙：蓝天可救天上星啰！

天上可救凡间人哟！

百草可救中山鸟啰！

海边岩下可救水里鱼哟！

情歌（一唱一和）

寻　妹

男：滴滴哚哚吸根烟，
　　身上没火找妹家；
　　到了妹家找阿妹，
　　阿妹点火我吸烟。

女：阿哥要往我家过，
　　何要未到先打歌？
　　山歌打得有啥味？
　　阿哥为何当问我？

男：想妹想了二十年！
　　打个山歌舒舒心！
　　山歌可当珍珠宝！
　　若得阿妹胜千金！

第四节　谜　语

物　谜

一嫂矮墩墩；（南瓜）

二嫂爱抹粉；（冬瓜）

三嫂荡秋千；（丝瓜）

四嫂挂四边；（茄子）

五嫂响叮当；（辣椒）

六嫂凑成双；（虫豆）

七嫂麻麻脸；（花生）

八嫂疥疮里；（黄瓜）

九嫂红面骚；（西红柿）

十嫂舞大刀。（刀豆）

一声不响，二目无光，三餐不食，四肢无力，五官不正，六亲不认，七窍不通，八面威风，九（久）坐不动，十（实）在无用。（菩萨）

金水桶，银水桶，敲得开，合不拢。（蛋）

白肚脏，着红袍，泥里藏，水里淹。（荸荠）

壁上挂个油筒，捏一捏就出脓。（鼻子）

小时紧紧扎，大起披头散发；不怕严寒风雨，只怕军营刀杀。（毛竹）

千条岗，万条沟，牛不去，草不生。（屋顶）

没皮又没骨，又会转变又会打窟。（水）

岩头下一丛韭，月月割月月有。（胡须）

高山顶上一片草，一年四季都不老。（头发）

泥东西，竹东西，老太婆脚下的东西。（火笼）

火烧乌岩山，大水转弯弯，虾子蹦蹦逃，娘娘钩篙翻。（捞饭）

两角叉叉似牛羊，会干活不吃粮。后腿使劲飞旋滚，送君千里毫不困。（自行车）

四角落地四脚悬，四双目珠都周全。魂魄掉在苏州府，冤尸落在御门前。（猫抓老鼠）

字　谜

一声令下攀上山，抛下宝贝也心甘。（岭）

壮士心可贵。（志）

十八子都爱吃酸和甜。（李）

一家十八口，五月满村走。如果有人找，请问大肚嫂。（杏）

八横三直半，由你书上算。若是算不着，说你没读惯。（节）

两木相挨，莫当林字猜。（相）

东边一座山，西边一座山，南边一座山；北边一座山；山山紧相连，能出粮和棉。（田）

上十八下十八占领乡里，人人都要它。（粮）

二比一多一半。（死）

流水养千口。（活）

大人在上要叩一下头。（命）

附录

山下乡与周边乡（镇）行政区域界线

山下乡临江镇联合勘定行政区域界线协议书

浦城县的山下乡与临江镇行政区域界线，经毗邻双方友好协商，现已全线贯通，总长为 9.6 千米，边界线走向标绘在福建省测绘局 1986 年版 1∶1 万比例尺地形图上，共 3 幅图（幅号 G-509-31、G-50-9-39 和 G-50-9-38），其边界线走向说明如下：

山下乡与临江镇行政区域界线走向北起永兴镇、山下乡、临江镇边界线交会点（X3082733　Y39637320）图幅号为（G-50-9-31），高程634.8 米。向东南沿山脊分水线行经 605.2 米高程点，到达 647.9 米高程点，然后继续沿山脊向东南方向约 100 米，转向西偏西南，沿山谷合水线下行，经 290.5 米高程点，到达山下流往临江的小河与小河交汇。然后转向西南，沿小河中心逆流而上行约 800 米，到达河流急转弯处，离开河中心，转向东南方向沿山谷合水线上约 50 米，与临江通往山下的公路相交，横过公路，然后再沿山谷合水线而上，到达 381.8 米高程点山脊，（G-50-9-39）转向西南沿山脊经 419.9 米高程点行约 800 米，顺山脊转向南偏西南，沿山脊分水线行约 380 米，顺山脊转向东，沿山脊分水线行到 556.7 米高地，转向西南沿山脊线行经 568.6 米高程地（五马捆槽）到达 511.2 米高地，顺山脊线转向南，沿山脊线行到 625.3 米高地南约 280 米，转向西南方向下，过小路，经山弯继续沿西南向山脊，上到 665.3 米高程点，西南约 70 米处，转向东南沿山脊线经 691.2 米高地行约 480 米转向南，沿山脊线行约 450米，转向西，沿山脊行经 640.2 米高地，到 691.5 米高地（G-50-9-38），继续沿山脊线转向南，经 667.1 米高地，到 671.5 米高地，转向东南，沿山脊行到 722.7 米高地，转向西南，行约 560 米。到达（金土墩），即：临江镇、山下乡、石陂镇边界线交会点（x3076271y39635065 图幅号G-50-938），此界线长 9.6 千米。

2002 年 12 月 28 日

永兴镇与山下乡联合勘定行政区域界线协议书

浦城县的山下乡与临江镇行政区域界线，经毗邻双方友好协商，现已全线贯通，总长为9.6千米，边界线走向标绘在福建省测绘局1986年版1:1万比例尺地形图上，共3幅图（幅号G-509-31、G-50-9-39和G-50-9-38），其边界线走向说明如下：

山下乡与临江镇行政区域界线走向北起永兴镇、山下乡、临江镇边界线交会点（X3082733　Y39637320）图幅号为（G-50-9-31），高程634.8米。向东南沿山脊分水线行经605.2米高程点，到达647.9米高程点，然后继续沿山脊向东南方向约100米，转向西偏西南，沿山谷合水线下行，经290.5米高程点，到达山下流往临江的小河与小河交汇。然后转向西南，沿小河中心逆流而上行约800米，到达河流急转弯处，离开河中心，转向东南方向沿山谷合水线上约50米，与临江通往山下的公路相交，横过公路，然后再沿山谷合水线而上，到达381.8米高程点山脊，（G-50-9-39）转向西南沿山脊经419.9米高程点行约800米，顺山脊转向南偏西南，沿山脊分水线行约380米，顺山脊转向东，沿山脊分水线行到556.7米高地，转向西南沿山脊线行经568.6米高程地（五马捆槽）到达511.2米高地，顺山脊线转向南，沿山脊线行到625.3米高地南约280米，转向西南方向下，过小路，经山弯继续沿西南向山脊，上到665.3米高程点，西南约70米处，转向东南沿山脊线经691.2米高地行约480米转向南，沿山脊线行约450米，转向西，沿山脊行经640.2米高地，到691.5米高地（G-50-9-38），继续沿山脊线转向南，经667.1米高地，到671.5米高地，转向东南，沿山脊行到722.7米高地，转向西南，行约560米。到达（金土墩），即：临江镇、山下乡、石陂镇边界线交会点（x3076271y39635065 图幅号G-50-938），此界线长9.6千米。

2002年12月28日

山下乡与石陂镇联合勘定行政区域界线协议书

浦城县的山下乡与石陂镇行政区域界线，经毗邻双方友好协商，现已全线贯通，总长为13.8千米，边界线走向标绘在福建省测绘局1986年1：1万比例尺地图上，共4幅图（幅号为G-50-9-38、G-50-9-46、G-50-954和G-50-9-53），其边界线走向说明如下。

山下乡与石陂镇行政区域界线走向北起山下乡，石陂镇、临江镇，边界线交会点（X3076271 Y39635065图幅号G-5-09-38、高程803.8米，土名：金土墩），向西南沿山脊分水线行至744.5米高地正北约70米处小山包（G-50-9-46），转向南，沿分水山脊经744.5米高地行约195米，顺山脊线转向南，沿分水山脊行约350米，顺山脊线转向南。沿山脊分水线行经634米高程点，710.8米高地850.7米高地，转向西南，沿山脊分水线行经786.5米高程点，760.4米高地（金土墩），766米高地，635.2米高程点。682.7米高地，653米高程点。至745.7米高程点西南约90米处，转向东南，沿山脊线行经6533米高地，610.7米高地至548.8米高程点东约95米山脊处，转向南沿山脊经600.4米高地行约470米转向西南，沿山脊下行至坑（450.4米高程点东约20米处），转向南离坑沿山脊上行经566.3米高程点，（G-50-9-46），至593.2米高地（G50954），转向西，沿山脊线行至567.8米高地，转向西偏西北沿山脊行经670.6高程点（G-5-09-46），至859.米高地，转向西沿山脊分水线行至862.7米高地，转向西偏西南经906.7米高地行约580米，转向南沿山脊分水行约245米，顺山脊转向西，行到939.8米高地（G-50-9-46），转向南，沿山脊线行至941.3米高地（G-50-9-54），转向西行约80米，转向西南沿山脊线行约100米，顺山脊转向西北，沿山脊分水线行至1017.3米高地（G-50-9-46），转向南行约60米，转向西沿山脊分水线行约270米，（G-50-9-46）转向西南行约190米（G-50-9-54），转向西沿山脊线到801.5米高地，须山脊转向西南，沿山脊线行经817.6米高地，至756.3米高地（G-50-9-54），转向西，沿山脊分水线行经794.8米高地（G-50-9-53），824.5 米高程点，862.4 米高程点至 1043.1 米高程点东北约 160 米山脊处，顺山脊转向西南沿山脊分水线行经 1043.1 米高程点至 1174 米高地东南约 40 米处 91174.8 米高地，土名塔岭头（西北约 45 米山脊处），转向西北沿山脊水分线行约 200 米到达山下乡，石陂镇与武夷山市接边点（ X3070860　Y3939627873图幅号 G-50-9-53 ），此段界线长 13.8 千米。

2002 年 12 月 28 日

枫溪乡与山下乡联合勘定行政区域界线协议书

浦城县的枫溪乡与山下乡行政区域界线，经毗邻双方友好协商，现已全线贯通，总长为 11.32 千米，边界线走向标绘在福建省测绘局 1986 年版 1:1 万比例尺地形图上，共 4 幅图（幅号为：G-50-9-29，G-50-9-37，G-50-9-45 和 G-50-9-44）。其边界线走向说明如下：

枫溪乡与山下乡行政区域界线走向北起永兴镇、枫溪乡、山下乡边界线交会点（X3080991 Y39624424 图幅号 G-50-9-29），向西南沿山脊分水线过鞍部行约 175 米至一山包，顺山脊转向东南，沿山脊分水线行约 70 米，顺山脊转向南，沿山脊分水线行至 1118.2 米高地（锣鼓岗），（G-50-9-29）转向东南山沿脊线行约 95 米（G-50-9-37），顺山脊转向南偏西南，沿山脊分水线经 951.1 米高程点（鞍部）行约 580 米，顺山脊转向南偏东南，沿山脊线行约 150 米，转向东偏东南沿山脊线经 1033.3 米高地（清明岗）行约 450 米，顺山脊转向东，沿山脊线行经 876.3 米高程点、731.9 米高程点至 664.6 米高程点，转向东偏东北沿山脊线行约 265 米，顺山脊转向东南，行约 50 米至公路，转向东行至小溪开叉处，沿溪湾曲下行约 400 米至徐坑叉溪口，转向南，顺坑上行约 860 米，转向东南，沿山湾合水中心线上行约 410 米至山脊线，转向西南，沿山脊线行经 835.5 米高地至 875.7 米高地（马上槽），顺山脊线转向西偏西北，沿山脊分水线行经 850.2 米高地至 1025 米高地北向约 100 米处山包，转向南，沿山脊行约 100 米至 1025 米高地，顺山脊线转向西南，沿山脊分水线行经 1074.2 米高地（五旗凹山），过五旗凹小路，1142.8 米高程点、1256 米高程点。1290.8 米高地（雷岭山），1290.3 米高程点，至 1376.8 米高地，顺山脊转向南，沿山脊行经 1260 米高程点（箭竹凹）1943.1 米高地（G-50-9-37），到 1323.8 米高程点（G-50-9-45），顺山脊转向西南，沿山脊分水线行经 1305.8 米高程点，1297.5 米高程点（鞍部小路开叉处），到燕子岩（1446.8 米高地）东南约 200 米山脊处，顺山脊转向东南，沿山脊上行至 1494.2 米高地，顺山脊线转向南偏

东南，沿山脊分水线行约 590 米到达枫溪乡、山下乡与武夷山市接边点
（X3074542　Y39623118，图幅号 G-50-9-44 高程点 1396.8 米），此
段界线长 11.32 千米。

2002 年 12 月 28 日

附

录

山下乡历任党政主要领导名录

1950 年 1 月，山下属石陂区。1950 年 10 月成立中共浦城县第五区委员会，区委机关在前洋。

书　记　申来福（1950.10—1952.8）

1952 年 8 月，设十三区，第五区从前洋迁山下。

书　记　申来福（1952.8—1952.12）

李其保（1953.1—1954.9）

高守卿（1954.9—1955.9）

1955 年 9 月，中共浦城县第五区委员会改为中共浦城县山下区委员会。

书　记　高守卿（1955.9—1956.2）

1956 年 2 月，全县成立 6 个区、1 个镇、1 个直属乡，山下区撤销，划属临江区。

1958 年 5 月，撤销区建制，成立中共山下乡总支委员会。

书　记　梁东生（1958.5—1958.9）

1958 年 9 月，成立东方红人民公社党委，12 月，改临江人民公社，山下属之。1961 年 6 月，成立山下人民公社党委。

书　记　王富贵（1961.6—1964.3）

邱庆庭（1964.3—1968；1964 年 10 月，党委工作由社长谢庭贵主持）

1967 年 1 月起，各人民公社、镇党委机构逐步瘫痪，后相继成立人民公社革命领导小组，下设办公室，为公社日常工作的临时权力机构。1968 年，各公社成立革委会核心小组。1970 年—1971 年，各人民公社、镇先后召开党代会，恢复成立人民公社、镇党委。

1968 年 9 月，成立山下人民公社革委会核心小组。

组　长　王槐礼（1968.9—1971.9）

1971 年 9 月，成立山下人民公社党委。

书　记　许孝友（1971.9—1973.2）

　　　　张定章（1973.2—1974.3）

　　　　汪天泉（副书记，1974.3—1975.9 主持工作）

　　　　饶勤标（1975.9—1978.3）

　　　　孙德俊（1978.3—1980.12）

　　　　何其新（1980.12—1981.11）

　　　　李荣进（1981.12—1983.9）

　　　　何其新（1983.9—1984.7）

　　　　陈楚兰（1984.7—1984.9）

1984 年 9 月，人民公社改为乡（镇）建制，成立乡（镇）党委。

书　记　陈楚兰（1984.9—1986.7）

　　　　叶家乐（1986.7—1989.10）

　　　　张先强（1989.10—1992.5）

　　　　吴　斌（1992.5—1993.4）

　　　　吴成云（1993.4—1996.3）

　　　　杨仁寿（1996.3—1999.5）

　　　　方诗东（1999.5—2006.5）

　　　　黄　辉（2006.5—2009.5）

　　　　叶文平（2009.5—2011.5）

　　　　张青山（2011.5—2015.7）

　　　　李盛美（2015.7—2021.5）

　　　　刘忠云（2021.5—　）

山下乡人民委员会

乡　长　李迷仔（1958.5—1958.96）

山下人民公社管理委员会

社　长　梁东山（1961.6—1962.3）

谢庭贵（1962.3—1968.9）

山下人民公社革命委员会

主　任　王槐礼（1968.9—1971 年初停职）

　　　　许孝友（1971.9—1973.2）

　　　　张定章（1973.2—1974.3）

　　　　饶勤标（1975.9—1978.3）

　　　　孙德俊（1978.3—1980.2）

山下人民公社管理委员会

主　任　黄培富（1980.12—1984.9）

山下乡人民政府

乡　长　祝振泉（1984.9—1987.10）

　　　　李水清（1987.10—1992.4）

　　　　徐福兴（1992.4—1993.4）

　　　　杨仁寿（1993.4—1996.5）

　　　　王坤平（1996.10—2002.5）

　　　　吕光武（2002.7—2006.11）

　　　　张青山（2006.11—2011.5）

　　　　何秀菊（2011.5—2016.5）

　　　　陈　武（2016.5—2019.6）

　　　　刘忠云（2019.6— 2021.5）

　　　　刘　伟（2021.5 乡党委副书记、乡长候选人—　　）

图书在版编目(CIP)数据

金银山下/张先强主编. 一福州:海峡文艺出版
社,2021.8
ISBN 978-7-5550-2674-7

Ⅰ.①金… Ⅱ.①张… Ⅲ.①乡镇－地方史
－浦城县 Ⅳ.①K295.75

中国版本图书馆 CIP 数据核字(2021)第 129836 号

金银山下

	张先强 主编	
责任编辑	蓝铃松	
出版发行	海峡文艺出版社	
经 销	福建新华发行(集团)有限责任公司	
社 址	福州市东水路 76 号 14 层	
发 行 部	0591－87536797	
印 刷	福州力人彩印有限公司	
厂 址	福州市晋安区新店镇健康村西庄 580 号 9 栋	
开 本	720 毫米×1010 毫米 1/16	
字 数	210 千字	
印 张	14.75	
版 次	2021 年 8 月第 1 版	
印 次	2021 年 8 月第 1 次印刷	
书 号	ISBN 978-7-5550-2674-7	
定 价	86.00 元	